TITLE : Bola Baccana /
AUTHOR STAT : Rūpeśa Dube = Bol Bachchan : self development / by Rup
EDITION STAT : Prathama saṃskaraṇa.
IMPRINT : Dillī : Rājapāla, 2019
LANGUAGE : In Hindi.

न

रुपेश दुबे

राजपाल

₹ 235

ISBN : 9789386534774

प्रथम संस्करण : 2019 © रुपेश दुबे

BOL BACHCHAN (Self Development) by Rupesh Dubey

मुद्रक : जी.एच. प्रिन्ट्स प्रा.लि., नयी दिल्ली

राजपाल एण्ड सन्ज़

1590, मदरसा रोड, कश्मीरी गेट, दिल्ली–110006

फोन : 011–23869812, 23865483, 23867791

e-mail : sales@rajpalpublishing.com

www.rajpalpublishing.com

www.facebook.com/rajpalandsons

क्रम

मेरी बात

मेरी सोच और नज़रिये में जो भी सकारात्मकता हैं उससे मेरे द्वारा पढ़ी गयी बहुत-सी अच्छी पुस्तकों का बहुत बड़ा योगदान है। स्वप्रेरित रहना और अपने संपर्क में आये लोगों में सकारात्मकता का संचार करने का मैं यथासंभव प्रयत्न करता हूँ। लेकिन संपर्क की एक सीमा भी होती है। पुस्तकें एक ऐसा माध्यम होती हैं जो इन सीमाओं को तोड़ने में सफल होती हैं। यह पुस्तक मेरा एक प्रयास है जिसके द्वारा मैं अधिक से अधिक लोगों में उत्साह और सकारात्मकता का संचार करना चाहता हूँ। एक ट्रेनर के रूप में मेरे अल्पकालीन अनुभव ने मुझे एक चीज़ सिखाई है और वह यह कि अगर सन्देश यानी मैसेज को मनोरंजन के साथ दिया जाये तो वह अधिक कारगर होता है। यह किताब सिनेमा के साथ सकारात्मकता का एक रोचक संगम कराने का मेरा एक प्रयास है।

यह किताब मेरे पिता स्वर्गीय श्री प्रेम कुमार दुबे की स्मृति को समर्पित है। अन्त में मैं राजपाल एण्ड सन्ज़ की प्रकाशक मीरा जौहरी जी का आभार प्रकट करना चाहता हूँ जिन्होंने मुझ जैसे नवोदित लेखक की पुस्तक को प्रकाशित करने का जोखिम उठाया।

—रुपेश दुबे

रायपुर
15 नवम्बर 2018

आज खुश तो बहुत होगे तुम

अमिताभ बच्चन की सफलता ने उनकी फ़िल्मी रील लाइफ़ की 'एंग्री यंग मैन' की छवि तो गढ़ी ही, साथ ही उस छवि के इर्द-गिर्द या उस छवि को पूर्ण करने के लिए कुछ ऐसे मसाले भी ईजाद किए जो उनकी छवि का हिस्सा बन गए और फ़िल्म-दर-फ़िल्म दोहराए गए। उदाहरण के लिए फ़िल्म में उनके पिता की उनके बचपन में ही मृत्यु होना या फिर उनका उन्हें मंझधार में छोड़ के चले जाना, जो ज़्यादातर उनके गुस्से का मूल कारण होता था। अपनी माँ से प्यार का अतिरेक, शराब पीना और फिर छोड़ना। समाज में जहाँ-तहाँ हो रहे अत्याचार पर आक्रोश जो इस कदर गहरा था कि भगवान से भी उनकी अक्सर ठन सी जाती थी और तकरीबन अंतिम कुछ रीलों तक वो नास्तिक रहते थे। लेकिन अपने गुस्से को अभिव्यक्त करने के लिए वो भगवान से भी संवाद करते थे। उनका भगवान से किया गया सबसे लोकप्रिय संवाद आपको इस अध्याय के शीर्षक में नज़र आया होगा।

बड़ी कड़वाहट के साथ और खुद को महादेव शिव के लगभग समकक्ष मानने वाले अन्दाज़ में फ़िल्म 'दीवार' में वो शिवजी से कहते हैं कि 'आज खुश तो बहुत होगे तुम।' अब वो ठहरे बिग बी, चलो महादेव से यह प्रश्न कर भी लिया। महादेव ने भी बुरा नहीं माना और उनका यह संवाद कालजयी हो गया। बुरा मानना तो छोड़ो, शिव तो इस कदर प्रसन्न हुए कि पिक्चर सुपर डुपर हिट हो गयी और 100 हफ़्ते चलने वाली पिक्चर की श्रेणी में आ गयी। लेकिन मैंने पहले ही कहा कि भैया वो ठहरे बिग बी, पर आप को अगर अपने जीवन में फ़िल्म 'दीवार' की तरह सफल होना है और अपने जीवन को फ़िल्म की तरह ही यादगार बनाना है तो महादेव से यह सवाल पूछने की बजाय कि

'आज खुश तो बहुत होगे तुम,' आप अपने अन्दर उपस्थित देव से पूछिए,

'आज खुश हूँ क्या मैं?'

तो जवाब क्या आया?

क्या कहा? नहीं हो! चलो अच्छा है कि नहीं हो, वर्ना यह अध्याय आप आगे नहीं पढ़ते। जस्ट जोकिंग। सेल्फ़-हैल्प—यह वो श्रेणी है जिसमें मैं अपनी इस किताब को रखना चाहूँगा—इस साहित्य श्रेणी का अभ्युदय और इसका जन मानस में स्वीकार्य होना यह दर्शाता है कि आधुनिकता के साथ हमारे जीवन में दुख और दुविधा दोनों बढ़े हैं। ज़रा-सा दिमाग पर ज़ोर डालो तो खुद की पारिवारिक स्थिति, शैक्षणिक योग्यता, आर्थिक स्थिति, कैरियर की आपाधापी ऐसी लगती है कि इसमें खुश होने वाली आखिर बात ही क्या है। और यहीं पर व्यक्ति गलती कर जाता है। सदियों से यह बहस चलती आ रही है कि अंडा पहले आया या मुर्गी, सदियों तक आगे भी यह बहस चलती रहेगी। पर एक बात हम इस अध्याय में ही तय कर लेंगे कि—खुशी अधिकांशतः सफलता के पहले आती है। देखा जाये तो ज़्यादातर दुखों का कारक हमारी किसी अधूरी अभिलाषा से जुड़ा होता है जिसमें 'अगर' बहुत महत्त्वपूर्ण हो जाता है—

- अगर दसवीं में मेरे अंक 90 प्रतिशत के ऊपर आ जायें तो मैं खुश हो जाऊँगा!
- अगर बारहवीं में मेरे अंक 90 प्रतिशत के ऊपर आ जायें तो मैं खुश हो जाऊँगा!
- अगर फ़लाँ लड़का/लड़की मेरे प्रेम प्रस्ताव को स्वीकार कर ले तो मैं खुश हो जाऊँगा!
- अगर मेरी पत्नी मेरी बात मानने लगे तो मैं खुश हो जाऊँगा (जागो मोहन प्यारे)!
- अगर मुझे पदोन्नति मिल जाये तो मैं खुश हो जाऊँगा!

मैं पंक्तियों पर पंक्तियाँ लिखता चला जाऊँगा पर इस 'अगर' का अंत नहीं होगा और खुशी के दर्शन हमें हो नहीं पायेंगे। यहाँ जानबूझकर मैंने यह नहीं लिखा कि 'खुशी का अनुभव नहीं हो पायेगा!' कारण यह कि हम वर्षों से खुशी को एक भावना मान कर चलते हैं जो किसी-न-किसी कार्य विशेष

के अपने मनमाफ़िक होने पर अनुभव की जाती है। उसे हम वैसा ही एक्स्ट्रा समझते हैं जिन्हें हम हमारे हीरो-हीरोइन के इर्द-गिर्द मंड़राते हुए अपने फ़िल्मी नाच-गानों में देखते हैं। वह हमें इसलिए दिखाई पड़ जाते हैं, क्योंकि हमारा ध्यान जो वैसे तो मुख्य हीरो-हीरोइन पर ही रहता है, यदा-कदा भटक कर उन तक भी पहुँच जाता है।

लेकिन खुशी को हमें एक क्रिया मान कर चलना होगा जो करने से ही पूर्ण होती है। हमें उसे मुख्य हीरो या सुपरस्टार मानना ही पड़ेगा।

बात जब फ़िल्मों की चल ही निकली है और आगे भी चलती रहेगी, तो मैं एक और उदाहरण आपको देता हूँ। जो लोग हमारी हिन्दी फ़िल्मों की कार्यशैली से परिचित होंगे वो तो यह बात जानते ही होंगे और जो परिचित नहीं होंगे उनके लिए मैं थोड़ा विस्तार से बता देता हूँ। हमारी फ़िल्मों में अगर किसी सुपरस्टार को ले लिया जाता है तो बाकी की चीज़ें अपने आप हो जाती हैं। पूँजी निवेशक आसानी से मिल जाते हैं, एक बड़ी नायिका काम करने को तैयार हो जाती है, वितरक और थियेटरवाले आपकी शर्तें मानने को तैयार हो जाते हैं और हम सब जो जनता जनार्दन हैं वो भी रिलीज़ की तिथि की एडवांस बुकिंग करने को तत्पर रहते हैं। खुशी को भी हमें इसी सुपरस्टार की तरह समझना है। हमें सबसे पहले उसके पास पहुँचना है जिस तरह आज के दौर के निर्माता-निर्देशक सलमान, आमिर, शाहरुख खान या फिर अक्षय कुमार के यहाँ पहुँचते हैं अपनी फ़िल्म बनाने के लिए। और जैसे पिछले ज़माने के, अमिताभ बच्चन के यहाँ पहुँचते थे। आखिर हम अपने जीवन के निर्माता, निर्देशक जो ठहरे।

लेकिन खुशी नामक सुपरस्टार के साथ हमें 'नियम एवं शर्तें लागू' वाला एक छोटा स्टार भी मुफ़्त मिलता है। यह स्टार हमें आगाह करने के लिए है कि 'भैया सिर्फ़ खुशी के पास पहुँचने से या उसे पा लेने से आप के जीवन की वैतरणी पार नहीं होने वाली।' इसके लिए कुछ उम्दा काम भी करना पड़ेगा। विदित हो कि बड़े-से-बड़े स्टार की पिक्चर उसके स्टारडम के नाम पर पहले तीन दिन ही ताबड़तोड़ कमाई करती है। उसके बाद तो पिक्चर कितनी उम्दा बनी है, उसी पर ही, फ़िल्म की सफलता निर्भर करती है।

'लो कर लो बात, जब अंत में काम, और वह भी उम्दा काम ही करना

है तो हम इस कमबख्त खुशी के पीछे भागें ही क्यों? आखिर क्यों?' यह सवाल आप के मन में हिलोरें मार रहा होगा। मारना भी चाहिए।

खुश रहना और दुखी रहना दोनों एक विकल्प की तरह हैं। दोनों में किस विकल्प का चुनाव करना है वह मैं आपकी समझदारी पर छोड़ता हूँ। और मुझे यकीन है कि हर समझदार व्यक्ति की तरह आप खुशी को ही चुनेंगे। जीवन रूपी इस चुनाव में हमें 'नोटा' (NOTA यानी इनमें से कोई नहीं) की सुविधा उपलब्ध नहीं होती। अगर हमने खुशी को नहीं चुना तो हमारे बिना जाने ही हमारा मन-मस्तिष्क दुख को चुन लेता है, क्योंकि हमारा मन-मस्तिष्क 'शून्य' में क्रियान्वित नहीं होता।

दूसरी महत्त्वपूर्ण बात यह है कि यह 'अगर' जो है वो इकलौता नहीं है। इसका एक भाई भी है, जिसका नाम है 'मगर'। एक पल के लिए मान लें कि उपरोक्त बातें जो आपके और आपकी खुशी के बीच दीवार बन कर खड़ी थीं वे यथार्थ में बदल भी जाती हैं, तो, 'अगर' का छोटा लेकिन समान रूप से योग्य भाई 'मगर' आपके जीवन में प्रवेश करता है—

- दसवीं तो ठीक है मगर बारहवीं में भी 90 प्रतिशत के ऊपर अंक आयेंगे क्या?
- बारहवीं तो ठीक है मगर सही कॉलेज मिलेगा क्या?
- कॉलेज भी अच्छे नम्बर से पास हो गए मगर अच्छी नौकरी मिलेगी क्या?
- प्रेम कहानी तो प्रारंभ हो गयी मगर विवाह में परिणत होगी क्या?
- पत्नी तो सुनने लग गयी है (क्या बात है!) मगर बच्चे कब सुनेंगे?
- पदोन्नति तो हो गयी मगर अब इस साल कम-से-कम 30 प्रतिशत का इजाफ़ा मिलेगा क्या?

अक्सर होता यह है कि ये 'अगर' और 'मगर' नामक दोनों भाई आपको आपकी डगर से भटका देते हैं और खुशी नाम की आपकी प्रेमिका का आप इन्तज़ार ही करते रह जाते हैं। खुशी तो आपके साथ होती नहीं पर आपके साथ होते हैं मुहम्मद रफ़ी और उनका यह गीत—

'सुहानी रात ढल चुकी ना जाने तुम कब आओगे,
जहाँ की रुत बदल चुकी ना जाने तुम कब आओगे'

ऐसी बहुत सी सुहानी रातें ढल जायेंगी पर खुशी कभी आयेगी नहीं क्योंकि एक तो आपकी संगत 'अगर' और 'मगर' नामक भाइयों के साथ है और दूसरा आपने खुशी को एक्स्ट्रा समझ रखा है जो खुद उतनी ज़रूरी नहीं है। एक पर एक फ्री। अगर खुशी को पाना है तो इन दोनों भाइयों की बुरी संगत को छोड़ कर खुशी के पास खुद चल के जाना पड़ेगा, वो खुद नहीं आयेगी।

एक ज़माना था जब लोग अपनी बात में और वज़न डालने के लिए चच्चा ग़ालिब का एकाध शे'र अपनी बात के साथ कह दिया करते थे। साहित्य के कुछ रसिया अब भी ऐसा ही करते हैं, पर, आजकल लोगबाग अपने एक दूसरे चाचा का सहारा कुछ ज़्यादा ही लिया करते हैं। उनका नाम है गूगल चाचा। इस चाचा के पास अपने भतीजे और भतीजियों के कमोबेश सभी सवालों का जवाब होता है—इनके यहाँ से कोई खाली हाथ नहीं लौटता। तो भला मैं कैसे लौटता। मैंने जब इनसे पूछा कि—बताओ खुश रहने और कार्यक्षमता बढ़ाने का कोई वैज्ञानिक शोध है? तो इन्होंने मुझे बताया कि—

'ब्रिटेन में सोशल मार्किट फ़ाउंडेशन और वार्विक यूनिवर्सिटी के सेंटर फ़ॉर कॉम्पिटीटिव एडवांटेज इन ग्लोबल इकोनॉमी ने 700 कर्मचारियों पर एक शोध किया। उन्होंने इनको दो भागों में बाँट दिया। एक वर्ग को उन्होंने कॉमेडी फ़िल्म दिखा कर खुशी से चार्ज किया और दूसरे वर्ग के साथ ऐसा नहीं किया। जिनको खुशी से चार्ज किया गया था उनकी कार्यक्षमता में औसतन 12 प्रतिशत का इजाफ़ा हुआ और कुछ लोगों की कार्यक्षमता में 20 प्रतिशत तक की बढ़ोतरी भी हुई। शोधकर्ता डॉ. डेनियल सिग्रोई ने अपनी रिपोर्ट में लिखा कि अर्थव्यवस्था में जी.डी.पी. अगर 3 प्रतिशत भी बढ़ जाती है तो उसे बहुत अच्छा माना जाता है।'

आपको अब देख कर लगता है कि मेरी बातों का कुछ-कुछ असर आप पर हो रहा है। शुरुआत की वो अदृश्य दीवार जो मेरे सन्देश और आपके श्रवण के बीच थी, वह ज्यादातर हिस्सों में अब ढह सी गयी है। कुछ लोग ज़रूर दिख रहे हैं जो दीवार को मज़बूती से पकड़ के रखे हैं। गिरने नहीं दे रहे हैं।

'खुश होने का गणित है कि यथार्थपरक आकांक्षा। खुश होने के लिए या तो अपने यथार्थ को समृद्ध कर लीजिये या फिर अपनी आकांक्षाओं को कम कर दीजिये।'

—जूडी पिकल्ट (नाइनटीन मिनट्स)

तो क्या ये वे लोग हैं जो अपनी आकांक्षाओं को कम करने को तैयार नहीं? अगर ऐसा हो तो भी कुछ बुराई नहीं क्योंकि इंसानी महत्त्वाकांक्षा ने ही इंसान को प्रगति के मार्ग पर अनवरत चलायमान रखा है। लेकिन इनके लिए तो हमने वो सुपरस्टार वाली बात कर ही ली है कि 'महत्त्वाकांक्षा' नामक फ़िल्म बाद में बनेगी और खुशी नामक सुपरस्टार पहले साइन होगा। थोड़ा और नज़दीक से देखता हूँ। अच्छा! ये महत्त्वाकांक्षी लोग नहीं बल्कि कुछ ऐसे लोग हैं जिनके चेहरे के भाव यह कह रहे हैं कि—

'हमारे हृदय की पीड़ा तुम क्या जानो रुपेश बाबू!

हम चाह कर भी खुश नहीं हो सकते!'

ये वो लोग हैं जो आज भी चच्चा ग़ालिब को याद कर उन्हें दोहराते हैं कि

हम भी जानते हैं जन्नत की हकीकत लेकिन

दिल के खुश रखने को ग़ालिब ये ख़याल अच्छा है।

आगे वह अपनी पीड़ा बयां करते हैं। हर किसी के पास दुखी होने का एक लाइसेंस है। वो कहते हैं कि

- मुझे एक असाध्य रोग है।
- मैं गले तक कर्ज़ में डूबा हूँ।
- मैं विकलांग हूँ।
- मैं एक अबला नारी हूँ जिसका तलाक भी हो चुका है और जिसका एक बच्चा भी है।
- मैंने अपने जीवन के 40 वसंत देख लिये और इस जीवन में कुछ भी हासिल नहीं किया है।

अब ऐसी किसी लिस्ट को पढ़कर अच्छा-खासा उत्साही व्यक्ति भी एक पल को रुककर सोचने पर मजबूर हो जायेगा कि भला अब क्या करें? तो क्या हम उन्हें उनके हाल पर ही छोड़ दें? लोगों में उत्साह का संचार करने के लिए लिखी गयी इस किताब पर पहले अध्याय में ही पूर्णविराम कैसे लगाएँ? चलो एक और लिस्ट है हमारे पास, ज़रा उसे मुलाहिज़ा फ़रमाइए। शायद अगली लिस्ट पढ़कर आप में उत्साह और खुशी का पुन: संचार हो।

- पाकिस्तानी ऑल राउंडर वसीम अकरम को 1997 में ही मधुमेह यानी

डाइबिटीज़ की बीमारी हो गयी थी। पर वो 2003 तक सफलतापूर्वक खेलते रहे।

- सन् 2000 में जब अमिताभ बच्चन की उम्र 58 वर्ष की थी, वे तकरीबन 100 करोड़ के कर्ज़ में डूबे थे और आज उनकी जो संपत्ति है उसके ज़ीरो गिनने में मेरी सीमित गणितीय योग्यता आड़े आती है।

- विश्वविख्यात भौतिकी वैज्ञानिक स्टीवन हॉकिंग को मोटर न्यूरॉन बीमारी थी लेकिन वे वर्तमान युग के सबसे बड़े वैज्ञानिक माने जाते हैं।

- *हैरी पॉटर* पुस्तकों की लेखिका जे. के. रोलिंग, अपने पहले उपन्यास के प्रकाशन के समय तलाकशुदा सिंगल पैरेंट थीं और सरकारी मुआवज़े पर गुज़र-बसर कर रही थीं।

- 1908 में जब हेनरी फोर्ड ने टी-कार नामक क्रांतिकारी आविष्कार कर एक ऑटोमोबाइल क्रांति का सूत्रपात किया तब उनकी उम्र 45 वर्ष थी।

उम्मीद है इस लिस्ट ने आप में ज़रूर उत्साह का संचार किया होगा।

'हमारी खुशी इस बात पर निर्भर करती है कि हम अपनी सोच-विचार की प्रक्रिया को कैसे संचित करते हैं। अगर हम हर्षपूर्ण विचारों से अपनी विचार प्रक्रिया को सींचेंगे और खुश रहने को एक आदत बनायेंगे तो हम एक खुश दिल के मालिक होंगे और जीवन हमारे लिए कभी न खत्म होने वाला एक उत्सव होगा।'

—नार्मन विन्सेंट पील

कंप्यूटर जी कृपया इस लाइन को लॉक किया जाये—

> *खुशी को अपने दैनिक लक्ष्य में शुमार कीजिये और पूरी कोशिश करिए कि ये लक्ष्य आप हर रोज़ हासिल करें।*

मैं पल दो पल का शायर हूँ

यश चोपड़ा द्वारा 1975 में निर्मित/निर्देशित फ़िल्म 'कभी कभी' एक बहुसितारा फ़िल्म थी। लेकिन इसके दो सबसे बड़े सितारे परदे के आगे नहीं बल्कि परदे के पीछे मौजूद थे। नहीं, मेरा इशारा यश चोपड़ा की ओर कतई नहीं है। बल्कि वो दो सितारे हैं इसके गीतकार साहिर लुधियानवी और संगीतकार खैयाम। इन दोनों ने मिलकर इस फ़िल्म के लिए ऐसे कर्णप्रिय गीत रचे जो न सिर्फ़ आज तक गुनगुनाए जाते हैं बल्कि कुछ फ़िल्म इतिहासकारों का तो यह भी मानना है कि पुराने हिन्दी फ़िल्म संगीत में जो माधुर्य होता था, 'कभी कभी' उस क्रम में अंतिम फ़िल्म थी। इस फ़िल्म में जो बेमिसाल शायरी थी उसका एक नमूना है—

> 'मैं पल दो पल का शायर हूँ
> पल दो पल मेरी कहानी है
> पल दो पल मेरी हस्ती है
> पल दो पल मेरी जवानी है'

काफ़ी अरसे तक मैं इस गीत को हिन्दुस्तानी व्यावसायिक फ़िल्म संगीत का एक अनमोल हीरा ही मानता रहा, जिसको गायक मुकेश ने अपनी आवाज़ देकर और यादगार बना दिया है। इसकी शायरी के मर्म को आत्मसात् करने में थोड़ा समय लगा। पर जब असली अर्थ समझ आया तो वो इस किताब का एक अध्याय बन गया। साहिर साहब ने बड़े ही ख़ूबसूरत शब्दों में कह दिया कि हमारी दुनिया और इससे जुड़ी चीज़ें क्षणभंगुर हैं, सब पल दो पल की ही तो हैं।

प्राचीन भारतीय संस्कृति और हमारे प्राचीन आख्यान तो बहुत समय

से जीवन की क्षणभंगुरता की बात करते और कहते आये हैं। हम सब भी समय-समय पर इस बात को स्वीकारते हैं पर जब असल वक़्त आता है तो हम इस सत्य को भूल से जाते हैं। यहाँ असल वक़्त से मेरा आशय बुरे वक़्त से है जो हर किसी के जीवन में कभी-न-कभी आता ही है। प्राचीन भारतीय दर्शन, यहाँ तक कि कमोबेश सारे प्राचीन दर्शन जो पूर्व जगत की संस्कृतियों से उपजे हैं वो जीवन को हमेशा एक चक्र से जोड़ते हैं। चक्र में चीज़ें घूम-घूम कर एक ही जगह पर बार-बार लौटती हैं। इस क्रिया में एक समय अन्तराल हो सकता है पर चक्र कभी जड़वत नहीं रहता, बल्कि चलायमान रहता है।

हमारे आज के कॉर्पोरेट जगत में एक विभाग का नाम ही 'कस्टमर लाइफ़ साईकल मैनेजमेंट' होता है। यह टेलिकॉम इंडस्ट्री या फिर सर्विस इंडस्ट्री की कमोबेश सारी कंपनियों में तो होता ही है। इस विभाग में ग्राहक के आने से लेकर जाने तक का लेखा-जोखा होता है। यहाँ पर भी गौर करने की बात यह है कि हम लाइफ़ के साथ साईकल को ज़ोड़ते हैं। कम्पनी को भी यह ज्ञात है कि अगर ग्राहक आयेगा, तो कभी जा भी सकता है। और बहुत सी परिस्थितियों में वापस आ भी सकता है। कम्पनी को तो यह ज्ञात होता है कि कस्टमर आना-जाना है, लेकिन कम्पनी में ही काम कर रहे कर्मचारी अक्सर यह बात भूल जाते हैं। पिंक या फिर गुलाबी रंग को अक्सर रोमांस के साथ जोड़ा जाता है पर कॉर्पोरेट जगत में कम्पनी और कर्मचारी के बीच (हकीकत में कर्मचारी और उसके बॉस के बीच) जब रोमांस खत्म हो जाता है तो व्यक्ति को काम से निकाला जाता है और उसे पिंक स्लिप दी जाती है। साफ़ अर्थों में यह नियुक्ति पत्र के उलट एक निकासी पत्र होता है, जिसमें कर्मचारी को यह अवगत कराया जाता है कि 'भइया अब हमें तुम्हारी कोई ज़रूरत नहीं तुम कहीं और अपना ठौर-ठिकाना देख लो।'

'कुठाराघात' और 'वज्रपात' जैसे भारी-भरकम शब्द भी इस भीषण स्थिति को व्यक्त करने के लिए छोटे लगते हैं। कुछ या काफ़ी अरसे से एक कम्पनी से जुड़ा व्यक्ति, अपनी पक्की प्राइवेट नौकरी के कच्चेपन को काफ़ी अरसे पहले भूल-सा गया होता है, पर पिंक स्लिप या गुलाबी पर्ची उसका अचानक एक काले यथार्थ से परिचय करवाती है। यहाँ पर साहिर की बच्चन साहब द्वारा अभिनीत ये पंक्तियाँ और भी मौज़ू हो जाती हैं।

'कल और आयेंगे नगमों की खिलती कलियाँ चुनने वाले
मुझसे बेहतर कहने वाले तुमसे बेहतर सुनने वाले
कल कोई मुझको याद करे क्यों कोई मुझको याद करे
मसरूफ़ ज़माना मेरे लिए क्यों वक्त अपना बर्बाद करे'

अब आप सोच सकते हैं कि कठिनाई में कविता कैसे याद आयेगी ?

अगर नहीं आती तो आनी चाहिए वरना उन तमाम विचारकों और दार्शनिकों का सृजन बेकार चला जायेगा, जिन्होंने मनुष्य में आशा और उत्साह के संचार के लिए कितना कुछ लिखा है। हमें यह स्मरण रहना चाहिए कि कम्पनी हमसे नहीं चलती और हमारे जाने के बाद भी यथावत् चलती रहेगी। लेकिन साथ में हमें यह भी नहीं भूलना चाहिए कि हमारा अस्तित्व सिर्फ़ हमारी कम्पनी से नहीं है। हमारी वर्तमान या फिर हमारी भूतपूर्व कम्पनी ही हमारा सम्पूर्ण जीवन नहीं है। शायद इसीलिए इकबाल कह गए हैं—

'सितारों से आगे जहाँ और भी है
अभी इश्क के इम्तिहान और भी हैं'

बहरहाल, इन किताबी बातों से परे आपका साक्षात्कार कुछ सच्ची घटनाओं से होगा तो शायद आप मेरी बातों को अधिक आत्मसात् कर पायेंगे।

नित नये तकनीकी आविष्कार और स्टीव जॉब्स आज एक-दूसरे के पर्याय बन चुके हैं। ये महाशय किसी परिचय के मोहताज तो कतई नहीं हैं, फिर भी, उनके व्यावसायिक जीवन को संक्षिप्त में पुन: याद करना हमारे इस अध्याय को सार्थक करेगा। जॉब्स 'एप्पल' जैसी नामी-गिरामी कम्पनी के फ़ाउंडर मेम्बर थे। सन् 1985 में जॉब्स के नेतृत्व में इस कम्पनी ने 'लीज़ा कंप्यूटर' नामक एक प्रोडक्ट बाज़ार में उतारा जो बुरी तरह असफल हुआ। इसका असर यह हुआ कि कम्पनी ने जॉब्स को बाहर का रास्ता दिखा दिया। वह भी उस कम्पनी ने जिसका निर्माण जॉब्स ने स्वयं किया था। और विधि की विडम्बना यहीं समाप्त नहीं होती। उनको यह आदेश तत्कालीन सी.ई.ओ. जॉन स्कुल्ली ने दिया, जिनकी नियुक्ति स्वयं जॉब्स ने की थी।

अब जॉब्स अगर एक साधारण व्यक्ति होते तो वह भी अपनी किस्मत का रोना रो रहे होते। लेकिन अब यह सर्वविदित है कि वो साधारण नहीं बल्कि असाधारण थे, तो वो रुके नहीं। उन्होंने एक नई कम्पनी 'नेक्स्ट' की

नींव रखी और अपना कर्म करते रहे—मेरा तात्पर्य तकनीकी आविष्कार से है। समय का चक्र घूमा और वर्ष 1997 पर पहुँचा। 'एप्पल' ने 'नेक्स्ट' को टेकओवर कर लिया। जॉब्स वापस 'एप्पल' में आ गए और साल 2000 में 'एप्पल' के सी.ई.ओ. बन गए। उसके बाद जो हुआ वो इतिहास तो है लेकिन उसको कहना यहाँ ज़रूरी है। आज जो हमारे हाथ में 'आई फ़ोन' नामक फ़ोन रूपी स्टेटस सिंबल है, आई पॉड में जब-तब हम अपनी पसंद के गाने सुनते हैं, आई पैड और मैक बुक से अपने कार्य व्यवसाय को आसान बना पाते हैं तो यह सब स्टीव जॉब्स की धरोहर है। साथ ही उन्होंने एक एनीमेशन कम्पनी 'पिक्सर' की भी शुरुआत की।

स्टीव जॉब्स की सच्ची कहानी हमें इस बात पर विश्वास करने को कहती है कि—'ऊपरवाला जब एक दरवाज़ा बंद करता है तो दूसरा (और शायद बड़ा) दरवाज़ा खोल देता है।'

तो याद रखें 'अगर ऊपरवाला (बॉस) आपका दरवाज़ा बंद करता है तो ऊपरवाला (भगवान) एक नया दरवाज़ा खोलता है।'

लेखक होने के नाते मैं शब्दों से खेलने का मोह छोड़ नहीं पाता। तो इसे यूँ भी कह सकते हैं कि—

'असफलता अस्थायी होती है लेकिन पराजय स्थायी होती है।'

तो अपनी असफलता को पराजय मानने की गलती आपको नहीं करनी है।

यहाँ पर एक और महान व्यक्ति का ज़िक्र करना ज़रूरी है। इस व्यक्ति की महानता न सिर्फ़ उनके आविष्कारों में निहित है बल्कि उनकी जिजीविषा में भी है। हम एक असफलता से दुखी हो जाते हैं, 10वीं असफलता तक निराशा के गर्त में डूब जाते हैं। कुछ दृढ़निश्चयी शायद आगे बढ़ें भी तो कहाँ तक जायेंगे? मुमकिन है कि शायद 20-30 प्रयास। लेकिन हमारे ये वैज्ञानिक महाशय किसी और ही मिट्टी के बने थे। ये अपने प्रयास में 50 बार नहीं, 100 बार नहीं बल्कि 1000 बार असफल हुए पर अपने आपको कभी पराजित नहीं माना और अंत में यह वैज्ञानिक अपना आविष्कार करने में सफल हुए। यह आविष्कार था बिजली के बल्ब का और ये वैज्ञानिक थे थॉमस एल्वा एडिसन। और फिर एडिसन ने अपना लोकप्रिय और प्रेरक वाक्य कहा—'मैं कभी असफल नहीं हुआ, बल्कि मैंने 1000 ऐसे तरीके खोजे जो सही नहीं थे।'

विचार कीजिये अगर एडिसन भी किसी आम जन के जैसे अपनी कुछ कोशिशों के बाद हार मान लेते तो हम शायद अभी भी रौशनी के लिए सूर्य देवता की कृपा पर ही निर्भर रहते।

तो कभी भी असफल होने पर निराशा घेरे तो एडिसन साहब को याद करें।

दुखद सूचना यह है कि हर चीज़ अस्थायी है। खुशखबरी यह है कि हर चीज़ अस्थायी है।

यह कहना यहाँ पर इसलिए भी ज़रूरी है, क्योंकि हमारे युवा, एडिसन के आविष्कारों के बारे में अपनी विज्ञान की किताबों में पढ़ते तो हैं पर उस सफलता के पीछे के संघर्ष को शायद नज़रअन्दाज़ कर देते हैं। अगर ऐसा नहीं होता तो क्यों टीवी और अखबारों की सुर्खियाँ छात्रों की आत्महत्या से अटी पड़ी होती हैं जब-जब किसी बोर्ड परीक्षा का रिज़ल्ट आता है? और इसका कारण सिर्फ़ परीक्षा में अनुत्तीर्ण होना नहीं होता बल्कि कभी-कभी तो आशातीत नम्बर नहीं आने की वजह से ही युवा यह कदम उठाते हैं। सिर्फ़ एक परीक्षा में फ़ेल होने की वजह से इतना बड़ा कदम उठाना! सिर्फ़ एक असफलता से इतनी निराशा होना! क्या सही है? कतई नहीं।

शिक्षा प्रणाली द्वारा स्थापित मानक में असफल होना क्या वाकई असफलता है? इस सवाल की प्रासंगिकता को आप तार्किकता के मापदंड पर खारिज करें, उसके पहले ही मैं एक और उदाहरण से अपनी बात स्पष्ट करता हूँ। आज के युवाओं के आदर्श और सफलता के पर्याय माने जाने वाले दो शख्स बिल गेट्स और मार्क ज़करबर्ग दोनों कॉलेज ड्रॉपआउट हैं, जिन्होंने अपनी डिग्री पूरी होने के बहुत पहले ही कॉलेज को टाटा कह दिया था। मटरगश्ती करने के लिए नहीं बल्कि अपने सपनों, जिन पर उनको पूरा विश्वास था—को साकार करने के लिए।

आज फ़ेसबुक में अपने जीवन और अपनी जवानी का बहुधा हिस्सा गुज़ारने वाले युवाओं को कभी यह नहीं भूलना चाहिए कि शिक्षा प्रणाली के मानकों, जिनमें शायद ज्ञान से ज़्यादा स्मरण शक्ति की परीक्षा ली जाती है, में विफल होने पर दुखी होना चाहिए पर निराश नहीं और अपने जीवन का अंत तो बिलकुल नहीं करना चाहिए। इस उदाहरण का आशय शिक्षा से आपको दूर करना भी नहीं है। गेट्स और ज़करबर्ग विलक्षण प्रतिभाएँ हैं, जिनके सपने

और सामर्थ्य, सामान्य जन की अपेक्षा बहुत ऊँचे स्तर के थे। इस उदाहरण को शब्दशः न लें और परीक्षा में विफल होने पर न ही पढ़ाई को त्यागें और न ही अपने जीवन को। बल्कि नए उत्साह और पक्की तैयारी से फिर कोशिश करें, सफलता ज़रूर हाथ आयेगी।

'लहरों से डर कर नौका पार नहीं होती
कोशिश करने वालों की हार नहीं होती'

—डॉ. हरिवंशराय बच्चन

जिस तरह असफलता को दिल से लगाना नहीं चाहिए, ठीक उसी तरह सफलता को भी सिर पर चढ़ाना नहीं चाहिए। हमारी यथार्थ की दुनिया के अगले नायक की कहानी, किसी दम्भी सफल व्यक्ति के पतन की कहानी नहीं है। बल्कि यह कहानी बताती है कि असफलता की तरह सफलता भी क्षणभंगुर होती है।

'याद रख सिकंदर के हौसले तो आली थे
जब गया था दुनिया से दोनों हाथ खाली थे'

—कैसर रत्नागिर्वी

'अरे भाई ज़रा धीरे गाड़ी चला, ज़्यादा शूमाकर मत बन।' ऐसा या इससे मिलता-जुलता जुमला हम बोलते हैं जब कोई इतनी तेज़ गाड़ी चलाता है कि हम असहज हो उठते हैं। यहाँ पर शूमाकर से आशय विश्वविख्यात फ़ार्मूला 1 मोटर रेसर माइकल शूमाकर से है, जिन्होंने मोटरकार रेसिंग में विश्व चैंपियनशिप खिताब जीते। उससे हासिल कमाई करोड़ों डॉलर है। पूरे विश्व को अपनी तेज़ी से विस्मृत कर देने वाला शख़्स आज अपने पैरों पर खड़ा हो पाने में असमर्थ है। वजह? दिसम्बर 2013 में फ्रेंच पर्वत श्रृंखला ऐल्प्स में स्कीइंग करते वक्त शूमाकर दुर्घटनाग्रस्त हो गए थे। वो 6 महीने कोमा में रहे और आज 4 साल बाद भी बिस्तर पर ही हैं। जिस व्यक्ति की संपत्ति एक बार 800 मिलियन पौंड आँकी गयी थी, उसको ऐसी स्थिति में आर्थिक तंगी तो नहीं होगी। पर ज़रा सोचिए कि अपनी कार रेसिंग की प्रतिभा के दम पर दुनिया भर में राज करने वाले आदमी की दुनिया आज उसके बिस्तर के इर्द-गिर्द सिमटकर रह गयी है। हम उनके स्वास्थ्यलाभ की कामना करने के साथ एक और काम भी कर सकते हैं। और वो है इस जीवन और उससे

जुड़ी तमाम चीज़ों की अस्थायी प्रवृत्ति को समझना और उसे स्वीकार करना।

हमारे जीवन और प्रकृति में बहुत समानताएँ हैं। जिस तरह रात के बाद दिन और दिन के बाद रात आती है। जिस तरह गर्मी के बाद वर्षा, वर्षा के बाद ठण्ड, ठण्ड के बाद वसन्त और वापस फिर गर्मी आती है। ठीक उसी तरह हमारे बुरे दिन के बाद मध्यम दिन, उसके बाद अच्छे और शायद फिर बुरे दिन आते-जाते रहेंगे। याद रखिये जीवन चक्र = लाइफ़ साईकल। जीवन का चक्र जड़वत नहीं रहेगा बल्कि चलायमान रहेगा। हर दौर, पल दो पल के लिए रहता है लेकिन सफलता के नशे में चूर या फिर नैराश्य के गर्त में डूबा व्यक्ति अक्सर इस सत्य को भूल जाता है और चक्र को एक सीधी रेखा मानने की गलती कर बैठता है। सीधी रेखा, जिसका एक आरम्भ होता है और जिसका एक अंत है। सफल व्यक्ति को लगता है कि उसके अच्छे दिनों का कोई अंत नहीं। निराश व्यक्ति को लगता है कि उसके अच्छे दिनों का कोई आरम्भ नहीं। ठीक यहीं पर हमें अमिताभ बच्चन का यह गीत याद करना चाहिए—

> 'मैं पल दो पल का शायर हूँ
> पल दो पल मेरी कहानी है'

कंप्यूटर जी कृपया इस लाइन को लॉक किया जाये—

> 'इस अस्थायी जीवन में स्थायित्व का मोह मत पालिए, बल्कि हर पल और हर दौर को पूरी सकारात्मकता के साथ जियें।'

जाओ! पहले उस आदमी का साइन लेकर आओ

अमिताभ बच्चन ने अपने किसी साक्षात्कार में फ़िल्म 'दीवार' को एक परफ़ेक्ट स्क्रिप्ट कहा था। यह फ़िल्म 1975 में प्रदर्शित हुई थी। कसी हुई पटकथा और दमदार संवादों से सजी 'दीवार' ने बॉक्स ऑफ़िस पर राज किया था। यह फ़िल्म मुंबई अंडरवर्ल्ड के तत्कालीन डॉन, हाजी मस्तान के जीवन से प्रेरणा लेकर बनाई गयी थी। जो पुरानी हिन्दी फ़िल्में देखते हैं, उन्हें 'दीवार' में दिलीप कुमार की फ़िल्म 'गंगा जमुना' और नर्गिस की फ़िल्म 'मदर इंडिया' की झलक भी देखने को मिलेगी। इन दोनों फ़िल्मों का असर 'दीवार' में दिखता है। फ़िल्म में बहुत से लोकप्रिय संवाद थे और उन्हीं में से एक दमदार संवाद था—

'जाओ! पहले उस आदमी का साइन लेकर आओ।'

जिन लोगों ने यह फ़िल्म नहीं देखी है उनके लिए मुझे थोड़ा विस्तार से बताना होगा। एंग्री यंग मैन की अपनी छवि के अनुरूप इस फ़िल्म में भी अमिताभ बच्चन प्रारंभ में एक शांतिप्रिय व्यक्ति होते हैं पर लगातार अन्याय सहते-सहते विद्रोही हो जाते हैं और जुर्म का रास्ता अख़्तियार कर लेते हैं। उनके छोटे भाई का रोल शशि कपूर ने किया था जो इस फ़िल्म में पुलिस इंस्पेक्टर के रोल में थे। जब पुलिसिया भाई को अपने गैंगस्टर भाई की असलियत मालूम पड़ती है तो वो उसके सामने एक विकल्प रखता है। वह विकल्प होता है एक कागज़ के रूप में। जिसमें विजय एक कागज़ पर साइन करके न सिर्फ़ अपने जुर्म कुबूल करेंगे बल्कि अपने साथियों का भी राज़फाश करने को राज़ी हो जायेंगे। लेकिन अपने विद्रोही स्वभाव के अनुरूप विजय कहते हैं कि वो साइन करने को तैयार हैं लेकिन साथ ही उसमें एक शर्त

जोड़ते हैं कि वो साइन तो करेंगे पर वो अकेले नहीं करेंगे, सबसे पहले नहीं करेंगे। आगे वो कहते हैं—

'जाओ! पहले उस आदमी का साइन लेकर आओ जिसने मेरे बाप से साइन लिया था।'

और इसके बाद के अपने संवाद में वह अपने इर्द-गिर्द खड़े सभी लोगों को दोषी ठहराते हैं सिवाय अपने। खुद को वो गलत तो मानते हैं पर दोषी नहीं। अपने कुकर्मों के लिए दोषी वह किसी और को मानते हैं। इस संवाद या कहिये कि इस पूरे सीन में सिनेमा हॉल में तालियाँ तो खूब बजी थीं लेकिन इस संवाद का इस किताब में उपयोग करने का उद्देश्य तालियाँ बजवाना नहीं है। बल्कि आपके दिल और दिमाग पर ज़ोर डलवाना है कि कहीं आप भी अपनी गलतियों, अपने दुर्भाग्य या विपरीत परिस्थितियों के लिए स्वयं को छोड़ कर दूसरों को ही दोष देने में तो यकीन नहीं करते?

'बुरा जो देखन मैं चला बुरा ना मिलिया कोय
जो मन खोजा आपना मुझसे बुरा ना कोय'

—कबीर

अंग्रेज़ी में इस प्रवृत्ति के लिए एक फ्रेज़ होता है—'ब्लेम गेम'। इसका हिन्दी शब्दार्थ दोषारोपण क्रीड़ा होगा। इस खेल में व्यक्ति अपनी हर गलती, हर संकट, हर दुर्भाग्य का ठीकरा दूसरों पर फोड़ता रहता है और अल्पकालीन आनंद लेता रहता है। ऐसा करते-करते उसे इस बात का एहसास ही नहीं हो पाता कि दीर्घकाल में वो बाज़ी हारनेवाला है।

'जब हम यह सोचते हैं कि समस्या बाहर कहीं है तो यह विचार ही असल समस्या है।'

—स्टीफन आर. कोवी

हम सब इस सोच या इस प्रवृत्ति से कभी-न-कभी गुज़रते हैं। जिन्होंने कॉर्पोरेट जगत में काम किया है वो इस बात का एहसास कर पायेंगे कि कैसे मंथली रिव्यू मीटिंग्स में प्रेज़ेंटेशन के बाद प्रेज़ेंटेशन सिर्फ़ इस बात को साबित करने में चले जाते हैं कि 'मंथली टारगेट पूरे तो नहीं हो पाये पर उसका कारण या तो ये फलाना है या वो ढिकाना है लेकिन हम तो कतई नहीं हैं।' अप्रेज़ल की मीटिंग में भी कमोबेश कुछ ऐसा ही नज़ारा होता है। अप्रैल यानी आपकी

साल भर की गयी मेहनत का लेखा-जोखा, जिसमें यह निर्धारित होता है कि किस कर्मचारी की तनख्वाह कितने प्रतिशत बढ़ेगी और किस भाग्यशाली को पदोन्नति मिलेगी और किस बदनसीब की नौकरी पर तलवार लटक रही है। अप्रेज़ल करने वाला बॉस कम्पनी पॉलिसी, मार्केट कंडीशन का हवाला देता हुआ कर्मचारी को कम रेटिंग और कम-से-कम इन्क्रीमेंट के लिए कहता है। अप्रेज़ल करवाने वाला कर्मचारी मार्केट की तकलीफ़ों, नाकाबिल टीम मेम्बर्स और उनींदे हैड ऑफ़िस के रवैये का हवाला देता हुआ अपने लिए सबसे अच्छा परिणाम माँगता है।

ये दोनों घटनाएँ संपूर्ण जीवन के परिदृश्य में बहुत छोटी हैं। मंथली टारगेट की भरपाई अगले महीने हो सकती है, तनख़्वाह और पद अगले 6-12 महीनों में बढ़ सकते हैं लेकिन हमने जीवन रूपी इस खेल में अगर दोषारोपण का दाँव खेलना जारी रखा तो संभव है कि एकाध बाज़ी तो हम जीत जायें पर हम मैच हार जायेंगे, ये तो तय है।

जब भी हम पर कोई घोर विपदा आती है तो हम सबसे पहले यही कहते हैं—'हे भगवन आखिर मैं ही क्यों?'

बात जब खेल और मैच की चल ही निकली है तो लाज़िमी है कि खेल की दुनिया से एक उदाहरण दिया जाये। अब आप यह सोचेंगे कि मैं क्रिकेटर युवराज सिंह के कैंसर से लड़ कर वापस आने की मिसाल दूँगा। यह मिसाल बहुत प्रेरणादायी है पर मैं ज़रा 4-5 दशक पहले की और सात समुन्दर पार की बात करूँगा।

सुप्रसिद्ध लॉन टेनिस प्लेयर ऑर्थर ऐश 1943 में अमेरिका में जन्मे थे। एफ्रो अमेरिकन मूल के होने के कारण वो एक अश्वेत थे। अगर जातिवाद भारत की समस्या है तो रंगभेद और नस्लभेद उसके वो रिश्तेदार हैं जो पश्चिमी देशों में पाए जाते हैं।

ऑर्थर ऐश 50 के दशक में बड़े हुए जब अमेरिका में यह भेदभाव बहुत अधिक था। लेकिन अपने मूल और रंग को उन्होंने अपनी प्रतिभा की राह में रोड़ा नहीं बनने दिया। नस्लीय भेदभाव और गरीबी से उपजी सारी मुश्किलों को धता बताते हुए वो पहले अश्वेत खिलाड़ी बने, जिनका चयन अमेरिका की डेविस कप टीम के लिए हुआ। वो यहीं नहीं रुके बल्कि वो पहले अश्वेत

खिलाड़ी बने जिन्होंने तीन ग्रैंड स्लैम खिताब जीते : विंबलडन, यू.एस.ओपन और ऑस्ट्रेलियाई ओपन। वो विश्व रैंकिंग में भी नम्बर वन तक पहुँचे।

लेकिन काल ने इस निष्णात खिलाड़ी के लिए एक ऐसी बाज़ी तैयार करके रखी थी जिसकी काट, ऐश के पास नहीं थी। अस्सी के दशक की शुरुआत में हृदय की बाइपास सर्जरी में रक्त प्रत्यर्पण की प्रक्रिया के दौरान उन्हें एड्स जैसी असाध्य और घातक बीमारी लग गयी। जब यह खबर फैली तो उनके पास विश्व भर से उनके तमाम प्रशंसकों के पत्र आने लग गए। उनके एक प्रशंसक ने उन्हें लिखा—'आखिर ऐसे असाध्य और भयानक रोग के लिए भगवान ने आपको क्यों चुना?'

इस प्रश्न का ऑर्थर ऐश ने जो जवाब लिखा, उसे अब दुनिया भर में निराश लोगों में उत्साहवर्धन करने के लिए दोहराया जाता है। उनके उसी उत्तर का अपना एक अनुवाद, मैं यहाँ लिख रहा हूँ—'आखिर मैं ही क्यों?'

'विश्वभर में करीब 5,00,00,000 बच्चे टेनिस खेलना चालू करते हैं, 50,00,000 टेनिस खेलना सीख पाते हैं, 5,00,000 व्यावसायिक टेनिस खेल पाते हैं, 50,000 व्यावसायिक सर्किट का हिस्सा बन पाते हैं, 5,000 ग्रैंड स्लैम खेल पाते हैं, 50 विंबलडन तक पहुँच पाते हैं, 4 सेमी फ़ाइनल खेलते हैं और 2 फ़ाइनल। जब मैंने कप हाथ में पकड़ा था तब मैंने भगवान से नहीं पूछा था कि मैं ही क्यों? तो फिर आज पीड़ा में मैं क्यों पूछूँ भगवान से कि आखिर मैं ही क्यों?'

यहाँ विचार करने लायक बात यह है कि दोषारोपण की ज़रूरत या बलि का बकरा ढूँढ़ने की कवायद, हमेशा पराजित को ही करनी पड़ती है। विजेता को सेहरा बाँधने के लिए तो दुनिया आतुर रहती है।

ऐसा नहीं है कि हम हर उदाहरण किसी सेलेब्रिटी का ही लें, अगर ध्यान से देखें तो हमें हमारे आस-पास ही ऐसे चैंपियन मिल जायेंगे, जिन्होंने जीवन रूपी उद्यान में वृक्षारोपण पर ध्यान दिया न कि दोषारोपण पर।

वक़्त अब उस बात का है जिसे सिनेमाई भाषा में फ़्लैशबैक कहा जाता है। बात 19 मार्च 1995 की है, मैं 17-18 वर्ष का था और अपनी बारहवीं की बोर्ड परीक्षा देने में व्यस्त था। तभी हमें ऐसी खबर मिली जो न सिर्फ़ दुखद थी बल्कि अन्यायपूर्ण भी थी। मेरे मित्र और सहपाठी जयेश ठक्कर के

पिताजी असमय ही हृदयाघात के चलते दुनिया से चल बसे थे। ऐसे क्षणों में जब यह नहीं सूझता कि शोकाकुल व्यक्ति से क्या कहें तो ज़ाहिर है जिस पर गुज़रती है उसके पास तो और गंभीर प्रश्न होता है कि—

'अब क्या करें?'

बहरहाल, जयेश एक प्रतिभावान विद्यार्थी था जिसने अपनी परीक्षा दी और फिर अपनी पुश्तैनी किराने की दुकान पर बैठने लगा। लेकिन जयेश की महत्त्वाकांक्षा वो नहीं थी। उसे आगे बहुत पढ़ना था। उसके सपने एक छोटी-सी किराने की दुकान में समा नहीं पा रहे थे। लेकिन दुकान चलाने की कवायद उसके रास्ते का रोड़ा थी और उसकी पढ़ाई-लिखाई बाधित हो रही थी। उसे एक निर्णय लेना था और उसने वह निर्णय लिया। अपने चाचा आदि के साथ संचालित हो रही उस दुकान को उसने बेचने की प्रक्रिया पूरी की और अपनी फौरी आर्थिक आवश्यकताओं की आपूर्ति के लिए पार्ट टाइम जॉब की।

'लेकिन उसका सपना क्या था?'

उसका सपना था ऊँची योग्यता हासिल करके एक बड़ी नौकरी करना। तो कॉमर्स का विद्यार्थी होने के नाते उसने न सिर्फ़ अपनी कॉलेज की पढ़ाई पूर्ण की बल्कि साथ ही उसने सी.ए. और कम्पनी सेक्रेटरी के कोर्स भी पूरे किये। जी हाँ! दोनों कोर्स एक साथ! आपको विदित होगा कि लोग अपने 10-10 वर्ष तक सी.ए. बनने में खपा देते हैं पर वो बन नहीं पाते। और जयेश ने दो कठिन कोर्स न सिर्फ़ उत्तीर्ण किये बल्कि हर बार परीक्षा प्रथम प्रयास में ही उत्तीर्ण की। आज जयेश 'एप्कोस इंडिया प्रा.लि.' नासिक में जनरल मैनेजर के पद पर हैं और ज़ाहिर है कि अच्छी-खासी तनख़्वाह पा रहे हैं।

कितना आसान था जयेश के लिए भगवान और नियति पर दोषारोपण करते हुए अपनी बाकी ज़िन्दगी को जीना। इसी बात पर दुखी होते हुए, कुढ़ते हुए कि काश, पिता की मृत्यु असमय नहीं हुई होती! काश, सिर्फ़ 17-18 वर्ष की उम्र में वो पिता के साये से महरूम नहीं होते तो वो ये करते और वो करते! कितना आसान था जयेश के लिए खुद को भाग्य के क्रूर पंजों का शिकार होना स्वीकार करना!

पर जयेश का ज़िक्र यहाँ पर उनकी बुद्धिमत्ता के लिए नहीं हो रहा। बल्कि इसलिए हो रहा है कि उन्होंने अपने भाग्य की दशा और दिशा को

मोड़ने के लिए जुझारूपन दिखाया।

दोषारोपण नामक इस खेल की विडम्बना यह होती है कि व्यक्ति दोष लगाता तो दूसरे पर है पर उसकी चोट स्वयं को लगती है। और यह चोट एक मूंदी चोट होती है जो बाहर से दिखती नहीं और पकड़ में अक्सर तब आती है जब वह अपनी एडवांस स्टेज में पहुँच चुकी होती है।

वापस फ़िल्म 'दीवार' पर आते हुए। फ़िल्म में विजय (अमिताभ) सबसे ज़्यादा अपनी माँ से प्यार करता है पर जब वह दोषारोपण को ढाल बना कर गलत रास्ते पर जाता है तो सबसे पहले उसकी माँ (निरूपा रॉय) ही उसे छोड़ कर जाती है। सफलता, सेहत, समृद्धि, सदाचार, सुकून, ये सभी जीवन की वो निरूपा रॉय हैं जो अपने विजय को छोड़कर जाने में एक मिनट भी नहीं लगायेंगी, अगर उनका विजय दूसरों को दोष देने में अपने कर्तव्यों की इतिश्री समझेगा।

अगर आप अपनी असफलता, बुरे वक़्त, निराशा के लिए बलि का बकरा ढूँढ़ते रहेंगे तो जीवन रूपी देवी आपसे रोज़ बलि माँगती रहेगी। एक वक़्त आयेगा जब आप बलि के लिए बकरे का जुगाड़ नहीं कर पायेंगे और चीज़ें आपके विपरीत हो जायेंगी। और फिर आप यह सोचेंगे कि यह सब इसलिए हो रहा है कि मैं देवी को बलि से प्रसन्न कर पाने में असमर्थ हो गया हूँ। जबकि हकीकत यह है कि अगर बलि आपको चढ़ानी ही थी तो दूसरों में दोष ढूँढ़ने की अपनी सोच की चढ़ानी थी। ऐसा करने से सिर्फ़ एक बलि से ही देवी प्रसन्न हो जाती और देवी माँ का आशीर्वाद आपको कभी छोड़ कर नहीं जाता।

कंप्यूटर जी कृपया इस लाइन को लॉक किया जाये—

> *'जीवन रूपी इस खेल में आप तभी विजयी होंगे जब आप अपनी स्थिति के लिए किसी और को दोषी नहीं ठहरायेंगे।'*

देखा एक ख़्वाब

'देखा एक ख़्वाब तो ये सिलसिले हुए
दूर तक निगाह में हैं गुल खिले हुए'

फ़िल्म 'सिलसिला' 1981 में प्रदर्शित हुई—जिसके बहुत से मधुर गीतों में से एक उपरोक्त गीत भी है—को अलग-अलग लोग अलग-अलग कारणों से याद करेंगे। अमिताभ बच्चन और निर्देशक यश चोपड़ा के प्रशंसक उसे एक खूबसूरत पिक्चर मानेंगे जो उम्मीद से बहुत कम चली। फ़िल्मी गॉसिप में आनंद प्राप्त करने वाली उसकी स्टार कास्ट—अमिताभ-रेखा-जया बच्चन के त्रिकोण में तरह-तरह के मतलब निकालेंगे और कुछ लोग जिनके लिए परदे के पीछे होने वाली गतिविधि परदे के आगे होने वाले एक्शन जितनी ही महत्त्वपूर्ण होती है वो 'सिलसिला' को एक ऐसी फ़िल्म के रूप में भी याद करेंगे जिस फ़िल्म में यश चोपड़ा ने भारतीय शास्त्रीय संगीत के दो धुरंधरों, संतूर वादक पं. शिव कुमार शर्मा और बांसुरी वादक पं. हरि प्रसाद चौरसिया को शिव-हरि की संगीतकार जोड़ी के रूप में प्रस्तुत किया। इतना ही नहीं, इस फ़िल्म से ही, स्थापित कहानी-पटकथा और संवाद लेखक जावेद अख़्तर, एक शायर और एक गीतकार के रूप में प्रथम बार प्रस्तुत हुए। उपरोक्त गीत का माधुर्य इसी त्रिदेव की देन है। जिसे बहुत खूबसूरती से यश चोपड़ा ने नीदरलैंड के ट्यूलिप गार्डन्स में बहुत सारे फूलों यानी गुलों के बीच में फ़िल्माया था।

अगर शायरों और कवियों के भरोसे अपनी दुनिया को छोड़ दिया जाये तो यकीनन हमारे इर्द-गिर्द गुल ही गुल खिले होंगे। पर हकीकत में हम अपनी

दुनिया को इनके भरोसे न छोड़ कर मम्मियों, पापाओं, दोस्तों, रिश्तेदारों और यहाँ तक कि पड़ोसियों के ऊपर छोड़ देते हैं। नतीजा? गुल तो नहीं खिलते पर हमारे सपनों, हमारे ख़्वाबों की बत्ती गुल अवश्य हो जाती है।

ऐसा नहीं है कि ऊपर दिए गए वर्गों के लोग हमारे जीवन के खलनायक होते हैं। ना रे बाबा ना, बिलकुल नहीं। लेकिन उनकी दुनिया—विशेषकर जो हमसे बड़े हैं—और हमारी दुनिया के बीच ये जो तकरीबन 25 वर्षों का फ़ासला होता है सारा दोष उसी का होता है।

पीढ़ियों का अंतर, जिसके लिए अंग्रेज़ी में 'जेनरेशन गैप' नामक शब्द होता है, उसके कारण 'मुग़ल-ए-आज़म' से लेकर आज तक बहुत से ज़िल्ले इलाहियों ने अपने सलीम को उनकी अनारकलियों से दूर किया है। रूपक के तौर पर उदाहरण भले ही मैंने 'गम-ए-आशिकी' का दिया हो पर आगे बात मैं 'गम-ए-रोज़गार' की करूँगा।

तो अक्सर जब ख़्वाबों और हकीकत के बीच द्वन्द्व होता है तो ये कैसा होता है? शायद कुछ ऐसे—

ख़्वाब—

- मेरा रुझान बचपन से रचनात्मकता की ओर है।
- मुझे कॉर्पोरेट दुनिया में एक उच्च पद पर आसीन होना है।
- मेरी एक स्टार्टअप शुरू करने की तीव्र इच्छा है।
- मैं एक लड़की हूँ जिसे अपने सपने साकार करने हैं।
- मैं उपरोक्त चारों में से कोई भी हो सकता हूँ।

अब ज़रा सपनों की दुनिया को छोड़ कर सच्चाई के संसार में आते हैं—

हकीकत—

- मेरा रुझान रचनात्मकता पर था लेकिन मैं अब एक रूटीन नौकरी में फँसा हुआ हूँ।
- मुझे कॉर्पोरेट नौकरी करने की इच्छा ज़रूर थी पर पिताजी के ज़ोर देने पर मैं अपना पारिवारिक व्यवसाय सँभाल रहा हूँ।
- हमारे खानदान में किसी ने व्यवसाय नहीं किया था, इसके उलट हमारे परिवार में सब सरकारी नौकर रहे थे जिनके लिए बिज़नेस की अनिश्चितता समझ से परे थी। ज़ाहिर है कि मैंने अपना स्टार्टअप

शुरू नहीं किया बल्कि सालों से सिविल सर्विसेज़ की तैयारी कर रहा हूँ।

- मुझे अपने सपनों को साकार करना था लेकिन मुझे मजबूरन सात फेरे लेने पड़े और अब मेरी दुनिया मेरे ससुराल तक सिमट कर रह गयी है। (हर दूसरी लड़की की आपबीती)
- मैं वही हूँ जो उपरोक्त चारों में से कोई भी हो सकता था, लेकिन मैंने कभी सपने देखने की भी ज़हमत नहीं उठाई।

और इस तरह सपने चकनाचूर हो गए या फिर देखे ही नहीं गए।

बंद आँखों से सपने देखने पर तो हमारा कोई बस होता नहीं पर क्या हमें खुली आँखों से भी सपने नहीं देखने चाहिए?

अब मुझ जैसे लेखक से यह सवाल किया जायेगा तो उसका जवाब हाँ में ही आयेगा। लेकिन कम शब्दों में गहरी बात कहने के लिए मुझे किसी बुद्धिजीवी की कोई बात दोहरानी पड़ेगी।

'जीवन का उद्देश्य यह है कि उद्देश्य भरा जीवन हो।'

—हेनरी डेविड थोरो

उद्देश्य और सपनों में क्या अंतर होता है? जब सपनों के साथ एक समय-सीमा तय हो जाती है तब वे उद्देश्य बन जाते हैं। अन्यथा वह एक इच्छा ही रहती है। जिस तरह कठिन सवाल का जवाब देने के लिए, जब हमें कुछ क्षणों की मोहलत चाहिए होती है, तो हम यह कहते हैं, 'बड़ा अच्छा सवाल किया है आपने।' ठीक उसी तरह सपने देखने जैसे व्यापक विषय पर प्रश्न करके अपना फ़रमान तो मैंने सुना दिया है पर आपको संतुष्ट करने के लिए मुझे शायद थोड़ा ज़्यादा परिश्रम करना पड़ेगा। उसके लिए जो मोहलत चाहिए उसके लिए मैं अपने उदाहरण का सहारा लूँगा।

काफ़ी अरसे से या यूँ कहें कि ज़्यादा नहीं करीब दो दशकों से लेखक बनने और कुछ लिखने की इच्छा मन में कुलबुलाती रहती थी। यह कुलबुलाहट ज़रा सी जवान होती नहीं कि उस पर यथार्थ की बुरी नज़र पड़ जाती। और इस बुरी नज़र से बचने के लिए फिर कुलबुलाहट जो परदे के पीछे जाती तो 6 महीने, साल भर बाहर नहीं आती। इस लुका-छिपी में ज़्यादा नहीं बस 18 वर्ष गुज़र गए। गुज़रने ही थे क्योंकि—'जब बोये पेड़ बबूल के तो फिर आम कहाँ से होए।'

मेरी कुलबुलाहट को अगर मैं शब्दों में ढालूँ तो वो कुछ यूँ थी, 'एक किताब मैं अपनी मृत्यु के पहले ज़रूर लिखूँगा।'

अब कौन इस धरती से कब और कैसे जाने वाला है यह भगवान, यमराज और चित्रगुप्त के अलावा किसी और को तो पता होता नहीं तो मुझे कैसे पता होता! यानी कि मेरी इच्छा की कोई तय समय-सीमा ही नहीं थी। दूसरे, किताब तो बहुत से तरीके की होती है, उपन्यास, कहानी, कविता या फिर किसी विषय विशेष पर एक किताब, पर मैंने तो ऐसा कोई वर्गीकरण किया ही नहीं था। मतलब ले-दे के एक इच्छा ही थी और वो भी स्पष्ट नहीं थी। तो वही हुआ जो होना था। मेरी किताब कभी लिखी ही नहीं गयी। और फिर एक दिन मैंने एक वाक्य कहीं पढ़ा, जिसको मैं अपना बोधिवृक्ष मोमेंट कहने की हिमाकत करूँगा।

'अगर आप लेखक बनना चाहते हैं तो कुछ न करें सिर्फ़ लिखना शुरू करें।'

अब मैं कोई बुद्ध तो नहीं हूँ पर फिर भी अनजाने ही मैं बिना तपस्या किये अपने जीवन में एक बोधिवृक्ष ढूँढ़ रहा था जिसके नीचे मैं बैठूँगा और मुझे ज्ञान प्राप्त हो जायेगा। मैं यह भूल गया था कि मेरे जैसे तमाम सामान्य जनों के जीवन के सबसे कठिन प्रश्नों का उत्तर बहुत आसान होता है, बशर्ते हम अपने दिमाग की खिड़की और दरवाज़े खुले रखें। तपस्या करने पर ध्यान दें न कि बोधिवृक्ष को ढूँढ़ने में।

'अगर आप लेखक बनना चाहते हैं तो कुछ न करें सिर्फ़ लिखना शुरू करें।'

उपरोक्त वाक्य को आदर्श मान कर मैंने लिखने और फ़िल्में देखने के अपने शौक का एक कॉकटेल बनाया और फ़ेसबुक पर हिन्दी फ़िल्मों की शौकिया समीक्षा लिखनी शुरू की। लोगों को मेरा लेखन पसंद आया। यह बात और है कि ये लोग ज़्यादातर मेरे दोस्त, रिश्तेदार और कम्पनी के मेरे जूनियर थे। लेकिन फ़ेसबुक लाइक में कोई भाई-भतीजावाद हम न ढूँढ़ें। और फ़ेसबुक लाइक का कोई जाति या धर्म नहीं होता, ये बस फ़ेसबुक लाइक होते हैं। और इन्हीं लाइक्स और कमेंट्स ने मेरी हौसलाअफ़जाई की और मैंने अपने लेखन के दायरे को बढ़ाने का निर्णय लिया। यह किताब जो अभी आपके हाथों में है यह इस निर्णय की पहली अभिव्यक्ति है। माँ सरस्वती की कृपा से बहुत

जल्द मेरा पहला उपन्यास भी आपके हाथों में होगा। मैं जानता हूँ कि सिर्फ़ इतने से मैं कोई चेतन भगत, अमीश त्रिपाठी, आश्विन सांघी नहीं बन गया, लेकिन मैंने इच्छा से सपने और फिर सपने से उद्देश्य की न सिर्फ़ यात्रा पूरी की बल्कि उद्देश्य में सफल भी हुआ। मैं लेखक बन गया।

इस एक पैराग्राफ़ की मोहलत ने मेरा आत्मविश्वास ठीक उसी तरह बढ़ाया है जैसे क्रिकेट में एक कठिन पिच पर कुछ वक्त गुज़ार कर बल्लेबाज़ का आत्मविश्वास बढ़ जाता है। अब मैं ज़रा खुल के अपने शॉट्स खेलता हूँ। ऐसा मैंने सोचा ही है कि आपने भी एक दुर्दांत तेज़ गेंदबाज़ की तरह मुझ पर एक बाउंसर डालते हुए पूछा, 'वाह रुपेश बाबू वाह, कितना सब्जेक्टिव उदाहरण देकर बच निकलना चाहते हो, ज़रा यह भी तो बताओ कि लेखन से कितना कमाओगे और लेखक का क्या है वो तो 60-70 वर्ष की उम्र में भी बना जा सकता है। लेकिन वो राम क्या करे जिसको एक अभिनेता बनना था और वो श्याम क्या करे जिसको एक खिलाड़ी बनना था? बताओं-बताओ, टेल-टेल?'

आपकी पहली बात पर आहत होकर आपत्ति जताते हुए मैं यह कहूँगा कि आपको अपनी बहन या बेटी से मेरी शादी तो करानी नहीं तो पैसों की बात तो आप रहने ही दो (लेकिन मन ही मन ये सोचूँगा कि एक तो मैं पहले ही शादीशुदा हूँ और दूसरे, लेखक से कोई उसकी कमाई पूछता है क्या? और वह भी हिन्दी के लेखक से! कमाल करते हो यार!)। लेकिन आपकी दूसरी बात को मैं एक अर्ध सत्य कहूँगा।

अपने पहले जवाब में अब थोड़ा गाम्भीर्य लाते हुए मैं यह तर्क दूँगा कि सचिन तेंदुलकर जब हर दिन घंटों बैटिंग प्रैक्टिस करते थे तो करोड़ों कमाने के लिए नहीं करते थे, बल्कि क्रिकेट के अपने जुनून, अपने पैशन के लिए करते थे। हिन्दी सिनेमा के ग्रेट शो मैन कहे जाने वाले राज कपूर ने, अपने सिनेमाई सपने को साकार करने के लिए—जिसका नाम 'मेरा नाम जोकर' था—अपना सब कुछ यहाँ तक कि अपना स्टूडियो भी गिरवी रख दिया था। सचिन ने क्रिकेट खेल कर करोड़ों कमा लिये। 'मेरा नाम जोकर' नामक फ़िल्म सुपर फ्लॉप हुई और सारा पैसा डूब गया। लेकिन राज कपूर चूँकि अपनी विधा के पुरोधा थे, उन्होंने बाद में सफल फ़िल्में बना कर ताबड़तोड़ कमाई कर ली। कालांतर में, सिनेमाई इतिहास में 'जोकर' को कल्ट क्लासिक का दर्जा मिला। ये दोनों उदाहरण हमें

यह बताते हैं कि अपने जुनून, अपने पैशन को पैसों से मत तौलो अन्यथा यह मान लो कि आपका जुनून आपकी विधा नहीं बल्कि पैसा कमाना है।

अब थोड़ा सा व्यावसायिकता और व्यावहारिकता के धरातल पर आकर मैं एक बात कहता हूँ, ताकि आपको मेरी बातें ज़रा कम क्रांतिकारी लगें। हाँ, यह सही है कि 99 प्रतिशत लेखक सिर्फ़ लेखन से आजीविका नहीं चला पाते। लेकिन अगर यही आपका जुनून है तो फिर किसी नौकरी या अपने व्यवसाय के साथ अपने इस जुनून को जियें पर इस जुनून की जान न लें। अगर रोज़ आप अपनी इस विधा का अभ्यास करें, तो संभव है कि सरस्वती माँ की कृपा से आपसे एक दिन कुछ ऐसा लिखा जाये जिसके बाद आपको कभी कुछ और काम करने की ज़रूरत ही न पड़े। अच्छा हो अगर लेखन से मिलते-जुलते पेशे जैसे पत्रकारिता से जुड़ जायें। लेकिन अपने जुनून की जान न लें बल्कि रोज़ उसे जियें।

'करत करत अभ्यास के जड़मति होत सुजान
रसरी आवत जात ही सिल पर होत निसान'

—कबीर

उम्मीद है मेरे आत्मविश्वास से लबरेज़ इस जवाब से आप मुझसे एक मत हो गए हैं ? न हीं... ही... ही... ही...। ठीक है भाई, ठीक है अब इतना भी दिल पर मत लो ! हाँ मुझे याद है कि मैंने वो उम्र के तकाज़े वाली बात छोड़ दी थी।

तो राम को एक अभिनेता बनना था और श्याम को एक खिलाड़ी। यही कहा था ना आपने ? कुछ सच्चाइयाँ फिज़ियोलॉजिकल (प्राकृतिक) भी होती हैं और प्रकृति से खिलवाड़ एक हद तक ही किया जा सकता है। कुछ कार्य विशेष ऐसे हैं जहाँ आयु सीमा तय होती है। और खिलाड़ी या अभिनेता ही क्यों ? अगर आप देखें तो सरकारी और प्राइवेट नौकरी में भी कार्य की प्रकृति के अनुसार आयु सीमा तय होती है। दुर्भाग्य से अगर आप स्टेशन पहुँचने में लेट हो गए तो आपकी ट्रेन छूट ही जायेगी।

'अब पछताये होत क्या जब चिड़िया चुग गयी खेत।'

समय रहते अपने सपनों पर मेहनत करें ताकि वो सच्चाई में तब्दील हों, शिकवों में नहीं।

पर चिन्ता न करें, लोगों में सकारात्मकता का संचार करने का बीड़ा

जब उठा ही लिया है तो पीछे नहीं हटेंगे। जिस तरह पंडितों के पास, आपकी कुंडली के हर दोष की एक काट होती है, ठीक उसी तरह हमारे पास भी है। अब लेखक हैं तो शब्दों को ही पकड़ेंगे। अभिनेता बनना है तो बन जाइये कौन रोक रहा है। मुन्ना भाई एम.बी.बी.एस. से सुर्खियों में आये बोमन ईरानी की यह पहली फ़िल्म थी और उनकी उम्र उस वक़्त 44 वर्ष की थी। प्रसिद्ध खलनायक अमरीश पुरी ने 38 साल की उम्र में अपनी पहली फ़िल्म में एक छोटा रोल किया और उनको बड़ी पहचान 'हम पाँच' नामक फ़िल्म से मिली जो सन् 80 में रिलीज़ हुई, तब उनकी उम्र ज़्यादा नहीं बस 48 बरस की थी। और ऐसा नहीं है कि उन्होंने अपना पहला अभिनय तब ही किया। दोनों रंगमंच में सक्रिय थे और अपनी अभिनय प्रतिभा को दिनोदिन निखार रहे थे। एक दिन उनका संघर्ष सफल हुआ, उनका सपना साकार हुआ।

तो अभिनेता तो आप बन सकते हैं, लेकिन अगर, आपका आशय स्टार बनने से है तो मौजूदा बॉलीवुड में आपका युवा होना या फिर युवा दिखना बहुत ज़रूरी है। और अगर आपकी उम्र निकल गयी हो तो आप 'मोहब्बतें' फ़िल्म के राज आर्यन तो नहीं बन सकते जिसका रोल शाहरुख खान ने किया था, लेकिन आप 'मोहब्बतें' के ही अमिताभ बच्चन अभिनीत नारायण शंकर बनकर ज़रूर अपनी 'परंपरा', 'प्रतिष्ठा' और 'अनुशासन' को लागू कर सकते हैं।

अब ये थोड़ा ज़्यादा हो गया! है ना? ऐसा आप सोच रहे होंगे। ऐसा रोल करने का सपना देखना जिसे अमिताभ बच्चन ने किया हो!! और यहीं पर साधारण और असाधारण में अंतर परिभाषित होता है। असाधारण सफलता और असाधारण संपत्ति इकट्ठी करने वाले लोग अक्सर असाधारण सपने देखते हैं। शाहरुख खान ऐसे ही एक व्यक्ति हैं। उन्होंने ज़्यादा नहीं तो कम-से-कम तीन प्रयास ऐसे किये हैं जिनकी घोषणा होते ही उन्हें मालूम था कि तुलनाओं की बाढ़-सी आ जायेगी। लेकिन वो पीछे नहीं हटे। पहले उन्होंने 'देवदास' की। शरत् बाबू के इस किरदार को दिलीप कुमार पहले ही परदे पर अमर कर चुके थे। दूसरा उन्होंने 'डॉन' फ़िल्म के रीमेक को हाँ की, ज्ञात हो कि डॉन, बच्चन साहब की सफलतम फ़िल्मों में शुमार है। तीसरा उन्होंने 'के.बी.सी.' का भी एकाध सीज़न किया, ये वो शो है जिसने अमिताभ बच्चन की सफल दूसरी पारी की नींव रखी थी। और उनको इन सारे प्रयासों में औसत से अधिक

सफलता मिली। कारण कि उन्होंने न सिर्फ़ एक असाधारण स्वप्न देखने का हौसला दिखाया, बल्कि, उसको पूरा कर सकने के लिए अपनी प्रतिभा को अपने परिश्रम से निखारा। क्योंकि सिर्फ़ ऊँचे सपने देखने से ही सब कुछ नहीं हो जाता। उसके लिए उस स्तर की प्रतिभा और परिश्रम भी लगता है।

इस बात को विस्तार से बताने में भी हमारा सहयोग बच्चन साहब और उनकी फ़िल्में ही करेंगी। अगर कोई यह कहे कि वो फ़िल्म 'शोले' का रीमेक बनाना चाहता है तो आपको उसको बहादुर तो कहना ही पड़ेगा। लेकिन कहते हैं ना कि बहादुरी और बेवकूफ़ी में एक महीन रेखा का फ़ासला होता है। अगर बॉलीवुड में कभी भी भीषणतम हादसों का ज़िक्र होगा तो उसमें राम गोपाल वर्मा की 'आग' का स्थान सबसे ऊपर रहेगा। सन् 2007 में 'शोले' के रीमेक के इस प्रयास ने निर्माता, निर्देशक को करोड़ों का घाटा दिया। कलाकार भी इस फ़िल्म का हिस्सा होने पर शायद शर्मिंदा हुए हों, लेकिन यह तो तय है कि इस फ़िल्म ने तमाम दर्शकों को तक़रीबन 3 घंटे का थर्ड डिग्री सिनेमाई टॉर्चर दिया। वर्मा जी ने ख़्वाब तो बहुत बड़ा देखा था लेकिन उसको पूरा करने के लिए प्रतिभा और परिश्रम में कमी रह गयी।

अब बात करते हैं श्याम की जो खिलाड़ी बनना चाहता था और खेल में तो करैक्टर रोल का भी विकल्प नहीं होता है। क्या करें? करैक्टर रोल का विकल्प तो होता नहीं लेकिन वेटरन यानी सीनियर श्रेणी की प्रतियोगिताएँ एथलेटिक्स में ज़रूर होती हैं। और आजकल तो शहर-शहर में फ़ुल मैराथन और हाफ़ मैराथन सरीखी प्रतियोगिताएँ होती हैं जिनमें आप भाग लेकर खेल के अपने जुनून को जीवंत कर सकते हैं। कभी-कभी आपको यह ज्ञात भी नहीं होता कि कोई प्रतिभा आपके अन्दर है जब तक कि आप प्रयास नहीं करते।

अपने कैरियर के 2 साल मैंने महाराष्ट्र के औरंगाबाद में गुज़ारे। यहाँ पर एक हाफ़ मैराथन में भाग लेते वक़्त मेरी मुलाकात 44 वर्षीय विजय शिम्पी से हुई। वो ग्रीव्स कॉटन लिमिटेड में कार्यरत हैं। कुछ अरसा पहले वर्ष 2015 में अपनी कमर के इर्द-गिर्द उम्र के साथ-साथ जमा हुई हल्की सी चर्बी को हटाने के लिए उन्होंने दौड़ना शुरू किया। उनके और उनके नज़दीकी लोगों के आश्चर्य का कोई ठिकाना नहीं रहा, जब उन्हें एहसास हुआ कि उनमें तो धावक की प्रतिभा है। और अब यह आलम है कि हर 2-3 महीने में एक फ़ेसबुक

पोस्ट आती है जिससे यह पता चलता है कि शिम्पी जी ने कल उनके आयु वर्ग में नासिक में एक मैराथन जीती तो आज जालना की प्रतियोगिता जीती। अब ऐसा करके शिम्पी जी उसेन बोल्ट की प्रसिद्धि और पैसा तो अर्जित नहीं कर पायेंगे, लेकिन, हमने पहले ही यह तय कर लिया है कि पैशन और पैसे को जुदा रखना है।

आप सपने देखकर मेहनत तो शुरू कीजिये, आपको भी एहसास नहीं होगा कि दुनिया में कैसे-कैसे चमत्कार होते हैं। फ़ौजा सिंह का नाम शायद आपने सुना हो। नहीं भी सुना तो कोई बात नहीं, मैं आपको उनकी कहानी से अवगत कराता हूँ। भारतीय मूल के इस ब्रिटिश नागरिक ने 89 वर्ष की उम्र में दौड़ना शुरू किया। जी हाँ! आपने सही पढ़ा! 89 वर्ष। उन्हें तब यह ज्ञात हुआ कि उनमें एक धावक की प्रतिभा है। वो 102 वर्ष की आयु तक दौड़ते रहे और अपनी आयु वर्ग की प्रतिस्पर्धा जीतते रहे। वे अपनी ही तरह के एक सेलेब्रिटी बन गए, जिसको खेल का सामान बनाने वाली नामी कम्पनी एडीडास (Adidas) ने एक विज्ञापन में फुटबॉलर डेविड बैकह्म और महान बॉक्सर मोहम्मद अली के साथ लिया।

तो बड़े ख़्वाब देखकर उनको हासिल न करने के लिए कोई बहाना बचा है क्या आपके पास?

हाँ, वो नारी संघर्ष पर मैंने कोई बात नहीं रखी।

अब अगर आप शादी नहीं करना चाहती थीं और आपकी शादी हो गयी है तो शादी तोड़ने और पिया का घर छोड़ने जैसी असामाजिक, परिवार विरोधी और घर तोड़ू सलाह तो मैं आपको दूँगा नहीं। मैं वही दूँगा, जो इस किताब में मैं अभी तक देता आया हूँ, उम्मीद और उदाहरण।

यह उदाहरण भारत जैसे अपेक्षाकृत रूढ़िवादी समाज का तो नहीं है, बल्कि एक पश्चिमी देश का है। लेकिन (और यहाँ मैं गंभीर हूँ) एक महिला का संघर्ष चाहे किसी भी देश का हो दूसरी महिलाओं को प्रेरणा तो देता ही है।

जब 90 के दशक की शुरुआत में भारत एक नई और खुली हुई अर्थव्यवस्था वाले दौर में प्रवेश कर रहा था, जिसके शिल्पकार तत्कालीन प्रधानमंत्री पी.वी. नरसिम्हा राव और तत्कालीन वित्त मंत्री डॉ. मनमोहन सिंह थे। उसी वक़्त ब्रिटेन में एक महिला अपने सबसे बुरे दौर से गुज़र रही थी। शादी के पहले उन्होंने

कुछ जॉब किये थे, फिर शादी की, बच्चा हुआ और कैरियर ज़रा डिस्टर्ब हो गया। लेकिन शादी चल नहीं पायी। नतीजा यह कि न जीवनसाथी का साथ और न ही कोई आय का साधन। ब्रिटिश सरकार द्वारा प्राप्त बेरोज़गारी भत्ते पर यह अकेली माँ, अपना और अपने बच्चे का भरण-पोषण कर रही थी। लेकिन इसके समानांतर, वह रोज़ाना अपने एक सपने को भी साकार कर रही थी। उस पर रोज़ाना मेहनत कर रही थी। साल के अथक परिश्रम से उनका सपना साकार हुआ पर बाज़ार में उनके उत्पाद का कोई खरीददार तुरंत नहीं मिला। करीबन 11-12 बार अस्वीकृत होने के बाद उन्हें हरी झंडी दिखी। उनका उत्पाद था, हैरी पॉटर नामक एक किरदार। जी हाँ उस महिला का नाम जे.के.रोलिंग है, जिनका लिखा ये किरदार पाठकों को इतना पसंद आया कि वो किताब पर किताब लिखती गयीं और रॉयल्टी से करोड़ों कमाती गयीं। ऐसा भी वक़्त आया कि ब्रिटिश शासन के रहमोकरम पर जीवन बसर करने वाली यह महिला एक दिन ब्रिटिश शासिका यानी कि ब्रिटिश महारानी से भी ज़्यादा धनवान हो गयी। उन्होंने एक ख़्वाब देखा हैरी पॉटर और उसकी रहस्यमयी दुनिया का, अपनी प्रतिभा और परिश्रम से सपने को साकार किया और साहित्य की दुनिया में अपना नाम स्वर्णाक्षरों में अंकित कर लिया।

इस अध्याय का अंत करने के लिए शायद यह सबसे उचित उदाहरण था।

अब तो आपके पास कोई बहाना बचा नहीं। क्योंकि उम्र और आपकी पृष्ठभूमि भी आपके आड़े नहीं आ सकती। हाँ, यह आप कह सकते हैं कि आपके जुनून के लिए आपके पास समय नहीं है।

पहली बात तो समय कभी होता नहीं, निकालना पड़ता है।

दूसरी, और सौ बात की एक बात, जिस जुनून के लिए आपके पास समय नहीं, वो आपका जुनून ही नहीं है।

कंप्यूटर जी कृपया इस लाइन को लॉक किया जाये—

> *'सपने देखिये, बड़े सपने देखिये और उन्हें पूरा करने के लिए अपनी सोच, सामर्थ्य और सकारात्मकता को एक ही दिशा में क्रियान्वित कीजिये।'*

छोरा गंगा किनारे वाला

'**दा**ने-दाने पर लिखा है खाने वाले का नाम।'

इस कहावत को हमने कई बार सुना है। इस कहावत को हम कई बार दोहराते भी हैं। ठीक ऐसा ही हुआ था अमिताभ बच्चन की फ़िल्म 'डॉन' के साथ। अव्वल तो उसकी स्क्रिप्ट कोई खरीद नहीं रहा था। प्रोड्यूसर नरीमन ईरानी, जो काफ़ी कर्ज़े में डूबे हुए थे, ने वो स्क्रिप्ट लेखक जोड़ी सलीम-जावेद से ली, जो कहा जाता है कि देव आनंद, प्रकाश मेहरा और जीतेंद्र मना कर चुके थे। शायद इसलिए क्योंकि इस फ़िल्म को अमिताभ की सबसे बड़ी सफलताओं में शुमार होना लिखा था। अब जब हम फ़िल्म 'डॉन' को याद करते हैं तो अमिताभ बच्चन के अलावा जो चीज़ सबसे पहले याद आती है वो है इस फ़िल्म का प्रसिद्ध गीत

'खाई के पान बनारस वाला खुलि जाये बंद अकल का ताला।'

आपमें से बहुतों को शायद यह नहीं मालूम होगा कि यह गाना 'डॉन' फ़िल्म के लिए लिखा ही नहीं गया था। इस गाने को गीतकार अंजान और संगीतकार जोड़ी कल्याण जी आनंद जी ने लिखा और संगीतबद्ध किया था, देव आनंद की फ़िल्म 'बनारसी बाबू' (1973) के लिए। अब देव आनंद ने तो सन् 50 और 60 के दशक में भी मुश्किल से एक ही फ़िल्म में एक ग्रामीण का रोल किया था। ये वो दौर था जब नेहरू जी की सोच के अनुरूप सोशलिस्ट फ़िल्में खूब बनती थीं, जिनका परिवेश ग्रामीण होता था। पर देव आनंद ने हमेशा पढ़े-लिखे शहरी संभ्रांत युवक का ही किरदार अदा किया। तो देव साहब को यह गाना जिसमें थोड़ा देहातीपन और औघड़पन था, लगा कि यह उनके अनुरूप नहीं है। उनकी इमेज के अनुकूल नहीं है। और 'बनारसी बाबू' फ़िल्म में यह गाना शामिल नहीं हुआ।

'डॉन' सन् 74 में प्रारंभ हुई पर मुश्किलों के चलते सन् 78 तक पूरी हो पायी। फ़िल्म के निर्देशक चन्द्र बारोट थे, जिन्होंने पहले कुछ फ़िल्मों में अभिनेता, निर्माता और निर्देशक मनोज कुमार को एक निर्देशक के रूप में असिस्ट किया था। फ़िल्म पूरी होने के बाद चन्द्र ने अपनी फ़िल्म का फ़र्स्ट कट अपने गुरु मनोज कुमार को दिखाया। मनोज कुमार को पिक्चर बहुत पसंद आई, लेकिन उन्होंने यह भी कहा कि फ़िल्म का सैकेंड हाफ़ इतना रोचक और फ़ास्ट पेस्ड है कि कोई टॉयलेट ब्रेक भी नहीं ले पायेगा। इसलिए एक गाना डाल कर उसको हल्का करो। अपने गुरु के इस सुझाव को निर्देशक चन्द्र ने माना और संगीतकार जोड़ी कल्याण जी आनंद जी से एक गाना बनाने को कहा। उनके पास एक गाना पहले ही तैयार था।

'खाई के पान बनारस वाला खुलि जाये बंद अकल का ताला।'

पूरी फ़िल्म की शूटिंग समाप्त होने पर जोड़ा गया यह गाना इस सुपर हिट फ़िल्म का सबसे बड़ा आकर्षण बन गया। यह विधि का न्याय ही था कि एक छोरा जो गंगा किनारे से बम्बई, अपनी किस्मत आज़माने आया था, उसे ही ऐसे गाने का हिस्सा होने का मौका मिला जिसके इन्टरल्युड में बार-बार 'छोरा गंगा किनारे वाला' आता है। जी हाँ, मैं अमिताभ बच्चन की ही बात कर रहा हूँ जो गंगा किनारे यानी प्रयागराज (इलाहाबाद) से बम्बई पहुँचे। वो तो इंडस्ट्री में छाए ही छाए, पर उनके द्वारा अभिनीत यह गाना और इसके बोल 'छोरा गंगा किनारे वाला' भी देश-विदेश में छा गए।

लेकिन फिर आज भी क्यों 'गंगा किनारे वाले' हमारे छोरे और छोरियाँ अपनी जड़ों, अपने छोटे शहरों, अपने कस्बों, अपने गाँव के कारण अपनी सोच को सीमित कर लेते हैं? यहाँ पर मैं 'छोरा गंगा किनारे वाला' की पंक्तियों को देशज और देहात के एक रूपक के तौर पर देख रहा हूँ? ये गंगा किनारे, यमुना किनारे, नर्मदा किनारे, कावेरी किनारे या फिर देश के किसी भी ऐसे कोने के हो सकते हैं, जिनके कस्बों के पास से कोई नदी नहीं भी बहती।

इन छोटी जगहों में रहने वालों के पास भी बहुत से सपने, आशाएँ और आकांक्षाएँ होती हैं। लेकिन इसके पहले कि इनके सपनों को पंख लगें, दुर्भाग्यवश, उनको एक बीमारी लग जाती है। यह बीमारी उनके शरीर को नहीं बल्कि उनके मन-मस्तिष्क पर हमला करती है। इस बीमारी को हम संक्षेप

में छो.क.रो. कह सकते हैं जो छोटी जगहों से आने वाले अधिकांश लोगों में पाई जाती है। अब ऐसी कोई बीमारी का नाम आपने अगर कभी नहीं सुना तो अपने सामान्य ज्ञान को कमज़ोर मत समझिये। बीमारी तो यकीनन मौजूद है पर उसका यह नाम, खाकसार ने ही ईजाद किया है। ये छो.क.रो जो है, उसका पूरा नाम है 'छोटेपन का रोग' और यह छोटे शहर के बहुत से छोकरों और छोकरियों को अपना शिकार बनाती है। मेरा यह मानना है कि यह छूत की बीमारी भी है, जिसका एक व्यक्ति से दूसरे व्यक्ति में संक्रमण होता है।

इस बीमारी का मूल लक्षण यह है कि इसमें व्यक्ति अपनी प्रतिभा, ज्ञान और मेहनत करने की अपनी अकूत क्षमता के बावजूद, खुद को एक महानगरीय/ उप महानगरीय युवा (जो शायद इनसे कम प्रतिभशाली हो) से कमज़ोर महसूस करता है। इस बीमारी के कोई शारीरिक लक्षण दिखाई नहीं देते, क्योंकि यह एक मनोवैज्ञानिक बीमारी है।

आत्मविश्वास की कमी, अपनी क्षमता को कम करके आँकना और अपनी जड़ों के बारे में शर्मिंदगी का एहसास रखना, ऐसे लोगों के प्रमुख लक्षण हैं। गौर करें तो पायेंगे कि कई बार छोटे कस्बे से आने वाला व्यक्ति उसकी जड़ों के बारे में पूछने पर उसके पास के निकटतम बड़े शहर का नाम लेता है। अगर मध्य भारत में मैं छत्तीसगढ़, मध्य प्रदेश, विदर्भ की बात करूँ, तो बलोदा बाज़ार वाला कहेगा कि वो रायपुर से है, होशंगाबाद वाला कहेगा कि वो भोपाल से है, उज्जैन वाला कहेगा कि वो इंदौर से है, शिवपुरी वाला कहेगा कि वो ग्वालियर से है, मंडला वाला कहेगा कि वो जबलपुर से है और भंडारा वाला कहेगा कि वो नागपुर से है। हालाँकि ये हमारे मध्य भारत के बड़े शहर भी महानगरों की तुलना में बच्चे ही हैं, पर क्षेत्रीय स्तर पर काफ़ी बड़े हैं।

हर कोई ऐसा नहीं करता और हर बार कारण शर्मिंदगी नहीं होता। कभी-कभी ज़्यादा समझाने की कवायद न करने की मंशा भी एक बड़े शहर का नाम बता कर चर्चा को पूर्णविराम लगाने के पीछे होती है। लेकिन बहुत से लोग बहुत बार, एक नकारात्मक सोच के तहत ही ऐसा करते हैं।

अब जब आप खुद ही अपनी जड़ों को लेकर शर्मिंदा हैं तो आप ये क्यों सोचते हैं कि सामने वाला आपकी इज़्ज़त करेगा? और यह भेदभाव सामने वाला बाद में करता है, आप ही सबसे पहले कर लेते हो। और जब आपकी सोच में ये

शर्मिंदगी निहित होगी तो वो आपके क्रियाकलापों में भी झलकेगी और फिर आप अपनी बीमारी यानी छो.क.रो. के चलते-फिरते ब्रांड एम्बेसडर बन जाओगे।

अभी हाल ही में टी.वी. पर एक विज्ञापन चला था जिसमें फ़िल्म अभिनेत्री कंगना रानौत के साथ भारतीय क्रिकेट टीम के कुछ खिलाड़ी भी थे। इस विज्ञापन के प्रसारित होने के बाद कंगना से एक पत्रकार ने पूछा कि खिलाड़ियों के साथ विज्ञापन करने का उनका अनुभव कैसा रहा? इस पर उन्होंने कहा कि बाकी खिलाड़ी तो शर्मा रहे थे पर एम.एस. धोनी ज़रूर घुल-मिल रहे थे। पत्रकार ने फिर पूछा, 'तो फिर आप दोनों के बीच क्या बातचीत हुई?' तो उसका जवाब जो कंगना ने दिया वो इस अध्याय के लिए लिखना बहुत ज़रूरी है। कंगना ने जो कहा उसका सार यह था कि वो और धोनी, छोटे शहरों से आते हैं—धोनी राँची से हैं और कंगना हिमाचल प्रदेश के एक छोटे से कस्बे से आती हैं—इसलिए हमारे बीच जो बात हुई उसमें परस्पर सम्मान और प्रशंसा की भावना थी। हम दोनों ही एक-दूसरे की सफलता का सही आकलन इसलिए भी कर पा रहे थे, क्योंकि हम दोनों ही जानते थे कि छोटी जगहों से आने के कारण किन मुश्किलों का सामना करना पड़ता है, किन बन्धनों को तोड़ना पड़ता है और किन सीमाओं के पार जाना पड़ता है।

ये दोनों शख़्सियतें, आज छोटे शहर की बड़ी सफलता के चलते-फिरते ब्रांड एम्बेसडर हैं, जिन्होंने अपने मन-मस्तिष्क को छोटेपन के रोग से प्रदूषित नहीं होने दिया। इसके उलट कभी-कभी एक व्यक्तिगत सफलता इतनी विकराल होती है कि वह व्यक्ति के साथ-साथ, उसकें छोटे शहर को भी बड़ा बना देती है।

मैं फिर धोनी की बात करूँगा। क्रिकेट में वेस्ट ज़ोन, नॉर्थ ज़ोन और साउथ ज़ोन के दबदबे के चलते ईस्ट ज़ोन से बहुत कम खिलाड़ी आ पाए हैं। और अगर आये भी हैं तो वो बंगाल से आये हैं जैसे सौरभ गांगुली। बिहार एक तरह से क्रिकेट के मानचित्र से गायब ही रहा। हालाँकि जमशेदपुर में ज़रूर कभी-कभार एक दिवसीय मैच हो जाया करते थे। तो ले-दे कर अविभाजित बिहार में कुछ हलचल वाला क्रिकेट केन्द्र बस एक जमशेदपुर ही था। *धोनी बायोपिक* में आपको याद होगा कि पिक्चर में, बिहार विरुद्ध पंजाब मैच, जमशेदपुर में ही होता है। सन् 2000 में बिहार के विभाजन के बाद उससे टूट कर झारखण्ड बना जिसकी राजधानी धोनी का गृहनगर राँची

है। जैसे-जैसे धोनी सफलता की सीढ़ी चढ़ते चले गए वैसे-वैसे उनका शहर भी सुर्खियों में आता गया। और सिर्फ़ पिछले 13 सालों की प्रगति यह है कि राँची अब विश्व क्रिकेट मानचित्र में अपनी जगह बना चुका है। राँची में स्थित झारखण्ड स्टेट क्रिकेट एसोसिएशन मैदान में अंतरराष्ट्रीय टी 20, अंतरराष्ट्रीय एक दिवसीय मैच के अलावा टेस्ट मैच का भी आयोजन हो चुका है। और जमशेदपुर के कीनन स्टेडियम में आखिरी अंतरराष्ट्रीय मैच 2006 में आयोजित हुआ था। धोनी की कहानी यह कहती है कि आपके शहर से आपका वजूद हो सकता है पर आप भी एक अकेले इंसान के रूप में अपने शहर का वजूद बनाने की ताकत रखते हैं। धोनी हमारे साथ इस अध्याय में आगे भी चलेंगे। इतना कुछ है प्रेरित होने के लिए उनकी कहानी से।

धोनी पर 2016 में आई पिक्चर में सबने देखा कि उनका संघर्ष एक छोटे शहर के लड़के का ही संघर्ष नहीं था, बल्कि एक छोटी और सीमित पृष्ठभूमि से आये युवक का भी संघर्ष था। एक खिलाड़ी, जो एक निम्न मध्यमवर्गीय परिवार से आता है, जहाँ उनके पिताजी को उनके लिए एक क्रिकेट किट का प्रबंध करना भी मुश्किल होता है। वही खिलाड़ी अपने आत्मविश्वास, अपनी प्रतिभा और अथक परिश्रम के बल पर इतना पैसा कमा लेता है कि उसका शुमार फ़ोर्ब्स पत्रिका सबसे अमीर खिलाड़ियों में करती है। हाँ, एक भाग्य नाम का प्राणी भी होता है जिसकी मैत्री आवश्यक हो जाती है, पर वो आपका मित्र होगा कि नहीं यह तो आपके सितारे आपके जन्म के समय ही निर्धारित कर देते हैं। इसलिए खुद के परिश्रम और प्रतिभा पर ध्यान दीजिये, क्या मालूम आपकी इस खूबी से प्रभावित होकर भाग्य खुद आकर आपसे दोस्ती कर ले।

यह तो हुई खुद के बारे में खुद की सोच की बात। लेकिन इस दुनिया को कठोर और ज़माने को ज़ालिम, यूँ ही नहीं कहा जाता। कुछ बाहरी तत्व कोई मौका नहीं छोड़ेंगे आपकी दुखती रग पर हाथ रखने का। यहाँ पर भी रग आपकी तभी दुखेगी जब आप उसे खुद एक दुखती रग मानोगे। अंग्रेज़ी में एक कहावत है कि 'जब आप पर कोई पत्थर फेंके तो आप उसे मील का पत्थर बना लें।'

और इस कहावत के सबसे ज्वलंत उदाहरण हैं हमारे वर्तमान प्रधानमंत्री श्री नरेन्द्र मोदी। राजनीति में वैसे तो, छोटे शहर की बड़ी सफलताओं की अनेक मिसालें हैं, फिर भी प्रधानमंत्री की मिसाल सबसे अच्छी मिसाल है और जैसा

कहते हैं कि—लेटेस्ट भी। विपक्ष ने, अगर आपको याद हो, तो मोदी जी पर मनोवैज्ञानिक दबाव बनाने हेतु और उनको उनकी नज़र में गिराने के लिए 2014 के चुनावी समर में यह कहा कि मोदी जी बचपन में चायवाले थे और वो सिर्फ़ चाय ही बेच सकते हैं, प्रधानमंत्री तो कतई नहीं बन सकते। अब मोदी जी का लोहा दुनिया यूँ ही नहीं मानती। वो एक छोटे शहर वडनगर से हैं, एक बहुत ही छोटी पृष्ठभूमि से हैं पर उनकी सोच, छोटी या सीमित नहीं है। उन्होंने इस व्यंग्यबाण को आगे आकर अपने हाथों से पकड़ा, उस बाण का एक नामकरण किया—'चाय पे चर्चा' और उसे विपक्ष की तरफ़ ही चला दिया। 'चाय पे चर्चा' एक सफल जनसंपर्क अभियान बन गया और बी.जे.पी. और एन.डी.ए. की बम्पर चुनावी जीत में इस अभियान का बहुत बड़ा योगदान रहा।

विपक्ष के पास मोदी जी के इस बाण की कोई काट नहीं थी। हम भी कई बार खुद अपने विपक्ष बन जाते हैं। शायद सबसे बड़े विपक्ष। अपने छोटे शहर, साधारण पृष्ठभूमि और कमज़ोर आर्थिक स्थिति के कारण खुद से ही अपनी लड़ाई हार जाते हैं। यही मौका होता है अपने अन्दर के मोदी, धोनी या फिर कंगना को जगाने का और अपनी छोटी सोच से बाहर आने का।

एक समय था जब महानगरों से जानकारियाँ और फ़ैशन, बहुत सालों बाद, छोटे शहरों में पहुँच पाते थे। लेकिन अब तो इन्टरनेट नाम की क्रांति ने यह दूरी मिटा दी है। अब तो एक क्लिक पर ग्रामीण और शहरी युवा एक जैसी जानकारी से रू-ब-रू हो जाते हैं। डी.टी.एच. की तकनीक के चलते आप सुदूर गाँव और जंगल में भी टी.वी. का आनंद उठा सकते हो। तकनीक जब महानगर और मझोले शहरों के बीच दूरियाँ कम करने में लगी है तो आप क्यों फिर अपने मस्तिष्क में छोटेपन की खाई तैयार करते हो?

मेरे इतने उद्गार और उदाहरणों के बाद भी, आपके दिल के किसी कोने में कोई शंका बची है, तो गुलज़ार साहब द्वारा फ़िल्म 'बंटी और बबली' (2005) की ये पंक्तियाँ याद करके पहले तो थोड़ी ऊर्जा लायें, और इसके बाद मेरी दी गयी एक लिस्ट को पढ़ें।

'छोटे-छोटे शहरों से खाली बोर दोपहरों से
हम तो झोला उठा के चले।
बारिश कम-कम लगती है नदिया मद्धम लगती है

हम समंदर के अन्दर चले।
ओ हो हो हम चले, हम चले। ओए रामचंद्र रे
धड़क-धड़क, धड़क-धड़क, धुआं उड़ाए रे
धड़क-धड़क, धड़क-धड़क, सीटी बजाये रे
धड़क-धड़क, धड़क-धड़क; धुआं उड़ाए रे
धड़क-धड़क, धड़क-धड़क, मुझे बुलाये रे।'

- मनोज बाजपेयी पश्चिम चंपारण के बेलवा गाँव के रहने वाले थे।
- पूर्व तेज़ गेंदबाज़ ज़हीर खान श्रीरामपुर (महाराष्ट्र) के रहने वाले थे।
- पूर्व राष्ट्रपति ए.पी.जे. अब्दुल कलाम भारत के दक्षिणी छोर रामेश्वरम से थे।
- रजनीकांत सुपरस्टार बनने से पहले बस कंडक्टर थे।
- संघर्ष के दिनों में एक्टर नवाज़ुद्दीन सिद्दीकी ने सिक्यूरिटी गार्ड का काम भी किया है और वो बुल्ढाना, ज़िला मुज़फ़्फ़रनगर, पश्चिम उत्तर प्रदेश से आते हैं।
- कॉमेडियन जॉनी वॉकर एक बस कंडक्टर थे तो कॉमेडियन महमूद अपनी मुफ़लिसी के दिनों में एक ड्राइवर का काम करते थे।

वैसे तो यह लिस्ट बहुत लम्बी हो सकती है। पर अगर आप सिर्फ़ दूसरे के नाम की लिस्ट ही पढ़ते रहोगे तो भविष्य की किसी ऐसी लिस्ट में खुद का नाम शुमार करवाने वाली मेहनत कब करोगे? बेहतर है कि इस अध्याय पर यहीं पूर्णविराम लगायें।

उम्मीद है कि अगर आप छो.क.रो यानी 'छोटेपन के रोग' से ग्रसित हैं तो इस अध्याय को पढ़कर उससे बाहर आ पाओगे।

कंप्यूटर जी कृपया इस लाइन को लॉक किया जाये—

'अपने छोटे शहर या साधारण पृष्ठभूमि की वजह से अपनी सोच छोटी न करें। अपने सपने और अपनी सामर्थ्य को सीमित करके मत आँकिये।'

चेन कुली की मेन कुली की चेन

'सत्ते पे सत्ता' अमिताभ बच्चन की 1982 में प्रदर्शित फ़िल्म का नाम है। यह सात भाइयों की कहानी है जो शहर से दूर एक फ़ार्म हाउस में जानवरों के साथ रहते हैं। कहते हैं ना कि नारी ही मकान को घर बनाती है। लेकिन इनके जीवन या इनके आस-पास भी कोई महिला नहीं थी। उसका यह भी तात्पर्य था कि लड़कों को जंगलीपन की छूट थी क्योंकि उनको सभ्य बनाने के लिए कोई महिला वहाँ मौजूद नहीं थी। ऐसे दृश्य ज़रूरी नहीं कि शहर के बाहर के हों, अगर आप बिना किसी पूर्व सूचना के शहर भर में मौजूद बॉयज़ हॉस्टल में चले जायें या फिर ऐसे फ़्लैट में चले जायें जहाँ लड़के रूम शेयर करते हुए अपनी पढ़ाई करते हैं तो ऐसा नज़ारा वहाँ भी दिख सकता है। वापस से पिक्चर पर आते हुए, अमिताभ बच्चन ने, ज़ाहिर है, सबसे बड़े भाई रवि का रोल अदा किया था और सचिन ने सबसे छोटे शनि का। बाकी पाँचों भाइयों के नाम भी सप्ताह के दिनों या तारामंडल के ग्रहों के हिसाब से थे।

फिर प्रवेश होता है फ़िल्म की नायिका हेमा मालिनी का, जो इन सातों भाइयों को जंगली से जेंटलमैन बनाने की मुहिम शुरू करती है और, कॉमेडी से भरपूर इस फ़िल्म का असली हास्य भी वहीं से आता है। अब 70-80 के दशक की अमिताभ की फ़िल्म हो और उसमें एक्शन न हो तो कैसे चलेगा। तो अमिताभ बच्चन के डबल रोल यानी बाबू नामक किरदार और खलनायक अमज़द खान से उस पिक्चर में एक्शन आता है।

इस फ़िल्म में जब भी ये सातों भाई या इनमें से कोई भी, कभी भी, मुसीबत में होते हैं तो वो एक साथ लड़ते हैं, एक-दूसरे का सहारा बनते हैं। आपस में परस्पर जोश और उत्साह का संचार करने के लिए वो ऐसे मौकों

पर अक्सर एक साथ यह कहते हैं—'चेन कुली की मेन कुली की चेन, चेन कुली की मेन कुली की चेन।'

इस वाक्य का शब्दार्थ तो मुझे पता नहीं और मुझे इस बात की व्यक्तिगत आशंका है कि इसके संवाद लेखक को भी इसका शाब्दिक अर्थ नहीं मालूम होगा। पर शेक्सपियर के एक लोकप्रिय कथन को थोड़ा तोड़ते-मरोड़ते हुए मैं यह कहूँगा कि—'आखिर शब्दार्थ में क्या रखा है, भावनाओं को समझो!'

सही भी है, इस वाक्य ने अपना काम बखूबी किया। भाइयां को जोश दिलाने का, और भाइयों ने भी परदे पर खूब धमाल मचाया और पिक्चर सुपर हिट हो गयी। साथ ही इस एक वाक्य क़ी साहित्यिक कमियाँ चाहे जो भी हों, पर इसने सिनेमाई इतिहास में अपनी उपस्थिति ज़रूर दर्ज करा ली। और ऐसी कराई की सन् 2007 में एक हिन्दी फ़िल्म 'चेन कुली की मेन कुली' के नाम से बनी। इसमें राहुल बोस मुख्य कलाकार की हैसियत से थे और इस फ़िल्म की कथावस्तु को एक स्पोर्ट्स ड्रामा कह सकते हैं। राहुल बोस का किरदार अंत में इस फ़िल्म के नायक को इस बात का एहसास दिलाता है कि चमत्कार बल्ले नहीं करते मैदान पर, बल्कि हर खिलाड़ी का व्यक्तिगत हौसला जब एक टीम के रूप में मिलता है तो वह टीम कमाल करती है।

शायद अभी भी आप इस कशमकश में हैं कि इस शीर्षक का इस मोटिवेशनल किताब में क्या काम है या फिर इस अध्याय में क्या काम है? तो ज़रा सोचिए, अगर कोई वाक्य आड़े-टेढ़े शब्दों के जोड़ से बना है। उन शब्दों में, व्यक्तिगत रूप से आप अर्थ तो ढूँढ़ लेते हैं पर प्रेरणा नहीं ढूँढ़ पाते, और वही शब्द, जब एक साथ जुड़ते हैं तो उस वाक्य में आप अर्थ तो नहीं ढूँढ़ पाते, लेकिन उस वाक्य में इतनी प्रेरणा थी कि फ़िल्म में ही सही, उसने भाइयों के एक दल, एक टीम को हमेशा उसके विरोधियों के विरुद्ध जिताया और फ़िल्म की सफलता में योगदान दिया। उस वाक्य में इतनी प्रेरणा थी कि वह 25 साल बाद टीम वर्क के महत्त्व पर बनने वाली एक फ़िल्म के टाइटल की प्रेरणा बना। तो फिर संगठन, एकता और टीमवर्क की पैरवी करने वाले इस अध्याय का शीर्षक उस वाक्य को ही बनना चाहिए जो एक फ़िल्म में ही सही, लेकिन एक टीम को ऊर्जा और जोश से भरता है।

टीम के लिए हम हिन्दी में क्या अनुकूल शब्द ढूँढ़ें? शायद एक झुण्ड या

फिर दल, हाँ शायद दल। लेकिन हिन्दी में लिखी इस किताब में भी, मैं टीम और टीमवर्क जैसे शब्द को बारम्बार उपयोग करने की छूट चाहूँगा, क्योंकि जो प्रभाव मैं उत्पन्न करना चाहता हूँ वह टीम शब्द से ही आयेगा। अगर भारतीयों की राष्ट्रीय दीवानगी की प्रथम तीन चीज़ों की एक सूची बनेगी, तो क्रम चाहे जो भी हो, लेकिन ये तीन नाम ज़रूर आयेंगे—

- राजनीति
- क्रिकेट
- फ़िल्में

राजनीतिक विश्लेषक जब भी किसी पार्टी की जीत-हार की विवेचना करते हैं, तो कहते हैं कि फ़लाँ पार्टी इसलिए जीती क्योंकि उसका संगठन मज़बूत है और वो बूथ के स्तर तक काम करती है। और फ़लाँ पार्टी इसलिए हारी क्योंकि उनका संगठन ज़मीनी स्तर पर इतना मज़बूत नहीं था और उनके वरिष्ठ नेताओं की बात जनता तक पहुँच नहीं पायी। आप ध्यान दें कि संगठन शब्द हार और जीत दोनों में आता है।

क्रिकेट में एकाध मैच तो टीम व्यक्तिगत प्रतिभाओं के दम पर जीत जाती है, वो भी एक दिवसीय और टी-20 सरीखे अल्पकाल के मैच। लेकिन टेस्ट मैच, जिसे विशेषज्ञ असली क्रिकेट कहते हैं, उसमें एक टीम का पूरे पाँचों दिन, सेशन-दर-सेशन अच्छा खेलना आवश्यक हो जाता है। सीमित ओवर के क्रिकेट में भी एकाध मैच आप व्यक्तिगत प्रतिभाओं के बल पर जीतते हो लेकिन सीरीज़ तभी जीतते हो जब आपके पास एक ऐसी टीम है जिसमें सभी खिलाड़ी समान रूप से जीत के लिए अग्रसर और आतुर हों।

'प्रतिभाएँ मैच जिताती हैं, लेकिन चैंपियनशिप, टीमवर्क और बुद्धिमत्ता से जीती जाती हैं।'

—माइकल जॉर्डन

अब आते हैं सिनेमा के संसार में। जब आम आदमी या समीक्षक, अपने-अपने तरीके से फ़िल्म की समीक्षा करते हैं, तो कहते हैं कि 'यार अदाकारी तो बढ़िया थी लेकिन निर्देशन कमज़ोर था।' या फिर, 'निर्देशन तो बहुत अच्छा था लेकिन कहानी में ही दम नहीं था तो निर्देशक बेचारा क्या करता।' वगैरह-वगैरह।

तो यहाँ भी किसी एक व्यक्ति या फिर एक पक्ष के अच्छा होने से बात

नहीं बनती। सफलता तभी हाथ लगती है जब पूरी टीम, एक स्वप्न एक लक्ष्य के लिए, एक साथ अच्छा काम करे।

और इन तीन लोकों के परे भी जीवन के हर क्षेत्र में टीमवर्क का महत्त्व है। अपने कॉर्पोरेट अनुभव में मैंने यह पाया कि टीम में एकजुटता बनाने और बढ़ाने के लिए कम्पनियाँ ट्रेनिंग और वर्कशॉप करवाती हैं, और उस पर बहुत सा धन, साधन और समय निवेश करती हैं।

'व्यवसाय में महान उपलब्धियाँ कभी एक व्यक्ति के कारण नहीं आतीं, उसको संभव बनाती है लोगों की एक टीम।'

—स्टीव जॉब्स

टीम को मुकम्मल बनाता है टीम का कप्तान। कभी-कभी एक साधारण टीम एक अच्छे कप्तान की वजह से असाधारण सफलता पाती है। और कभी-कभी एक प्रतिभावान टीम, कप्तान के उचित और स्पष्ट मार्गदर्शन के अभाव में असफल हो जाती है।

हमारे प्राचीन महाकाव्य *महाभारत* में भी इसकी मिसाल है। उसमें यह वर्णित है कि अर्जुन और दुर्योधन, कुरुक्षेत्र युद्ध के पूर्व, श्रीकृष्ण के पास उनका सहयोग माँगने पहुँचते हैं। श्रीकृष्ण एक तटस्थ व्यक्ति की तरह दोनों को एक विकल्प देते हैं। वो कहते हैं कि या तो मुझे चुन लो एक सारथी की तरह, जो युद्ध में भाग नहीं लेगा, या फिर मेरी विशाल नारायणी सेना को चुन लो। उतावला और निकट दृष्टा दुर्योधन, तुरंत एक विशाल और समर्थ सेना को चुनता है और अर्जुन श्रीकृष्ण को। अब इतिहास गवाह है कि कैसे युद्ध के हर महत्त्वपूर्ण क्षण में, श्रीकृष्ण ने उचित मार्गदर्शन देते हुए, 7 अक्षौहिणी पाण्डव सेना को 11 अक्षौहिणी कौरव सेना के विरुद्ध विजयश्री दिलवाई। ऐसी सेना के विरुद्ध जिसमें दुर्योधन, द्रोणाचार्य, कर्ण, अश्वत्थामा, भीष्म जैसे महारथी थे।

यह तो हुई हज़ारों साल पुरानी बात, लेकिन आज भी टीम का नेतृत्व कौन कर रहा है उसका बहुत महत्त्व है। कॉर्पोरेट दुनिया में दो शब्द बहुत उपयोग किये जाते हैं, पहला बॉस और दूसरा लीडर, और साथ ही यह भी जोड़ा जाता है कि हर बॉस, लीडर नहीं होता। जिन्होंने इस दुनिया में समय गुज़ारा है वो मेरा आशय तुरंत समझ जायेंगे, लेकिन जिन्होंने वहाँ काम नहीं किया है, उनको मैं थोड़ा विस्तार से बताऊँगा। यहाँ पर भी उचित प्रभाव के

लिए मैं अंग्रेज़ी के ही इन दोनों शब्दों का इस्तेमाल करूँगा। क्योंकि लीडर शब्द का जो पहला अनुवाद मन में आता है वह है 'नेता'। और नेता कहते ही तमाम भारतीयों के मन में जो छवि उभरती है, वो प्रेरक तो कतई नहीं होती। बहरहाल, संक्षेप में बॉस वो होता है जो यह कह करके अपने कर्तव्यों की इतिश्री कर लेता है कि 'ये तुम्हारा टारगेट है, कर ही लेना नहीं तो...।' ये जो खाली स्थान है उसका मतलब आप सभी समझ ही गए होंगे। वहीं लीडर वो होता है जो टारगेट तो यकीनन आपको देता है लेकिन वो समय-समय पर उचित मार्गदर्शन भी करता है, समय आने पर आपकी सराहना और सहायता भी करता है। बिलकुल श्रीकृष्ण की तरह। बॉस सफलता का सेहरा खुद बाँधता है और असफलता का दोष अपनी टीम पर मढ़ता है। लीडर सफलता में टीम को आगे करता है और असफलता में खुद आगे आकर ज़िम्मेदारी लेता है।

अपने लम्बे कैरियर में मैंने बॉस तो काफ़ी देखे लेकिन सौभाग्यवश कुछ लीडर भी देखे। एक व्यक्ति का, इस सन्दर्भ में, मैं बहुत आदर करता हूँ। अब हम फिर, ज़रा फ़्लैशबैक में जायेंगे। यह बात है सितम्बर 2002 की और मैं रायपुर स्थित अपने आईडिया सेलुलर के अपने कार्यालय में अपना कार्य करने में व्यस्त था। एक लम्बा और आकर्षक व्यक्तित्व दाखिल हुआ और एक औपचारिक-सा हैलो बोलता हुआ आगे बढ़ गया। मैं भी कोई अंतर्यामी न था न हूँ कि यह जान पाता कि इस व्यक्ति और इसके व्यक्तित्व का मेरे व्यक्तिगत और आधिकारिक जीवन में काफ़ी प्रभाव पड़ने वाला है। सहकर्मियों से पूछताछ की तो मालूम पड़ा कि जनाब रायपुर शहर के लिए प्रीपेड सेल्स के नए इंचार्ज हैं। फ़्लैशबैक से वर्तमान में आते हैं। कालांतर में साहब एयरटेल मालदीव्स के सी.ई.ओ. बने और 2017 का यथार्थ यह है कि जनाब ओरीडू मोबाइल (म्यांमार) में एम.डी. के रूप में एक पूरे देश की मोबाइल सेवाओं का कार्यभार सँभाल रहे हैं। यह सब मात्र 15 वर्षों में!!

अब इसके पहले कि आप अपनी कल्पनाशीलता के घोड़े दौड़ाएँ और सोचें कि ऐसी विलक्षण सफलता तो किसी महास्वार्थी व्यक्ति को ही मिल सकती है, जिसने सिर्फ़ अपने बारे में सोच कर काम किया हो, जिसने अपनी टीम से रगड़ कर मेहनत करवाई हो और खुद पदोन्नति पर पदोन्नति लेकर कॉर्पोरेट सफलता की सीढ़ी चढ़ गया हो। ऐसा भी होता है, पर इनके साथ ऐसा नहीं है।

इस शख्स का नाम है विक्रम सिन्हा। विक्रम सर आगे तो बढ़े लेकिन आगे बढ़ते वक़्त हर समय अपनी टीम को शक्तिशाली और टीम मैम्बर्स को काबिल बनाने के लिए काम किया। उनके साथ जिसने भी काम किया उसने पाया कि उसकी भी तरक्की हुई है। और यह सिर्फ़ एक पद या पैसे वाली तरक्की नहीं थी। जिस तरक्की की मैं बात कर रहा हूँ उसमें व्यक्ति में गुणों का विकास होने का आशय है। उसके सामर्थ्य के बढ़ने की बात मैं कर रहा हूँ, जिसका लाभ वो व्यक्ति तमाम उम्र उठाता रहेगा। विक्रम सर इस बात में माहिर थे कि किसी भी व्यक्ति से उसका सबसे उम्दा प्रदर्शन कैसे निकलवाया जाये। और उसके लिए वो अपने कनिष्ठ को काम करने की बहुत-सी छूट भी देते थे। उनकी इसी खूबी को देखते हुए कम्पनी मैनेजमेंट ने उनको सेल्स के बाद भारती एयरटेल के मध्य प्रदेश + छत्तीसगढ़ क्षेत्र का एच.आर. यानी ह्यूमन रिसोर्स (मानव संसाधन) विभाग का भी हैड बनाया। और जो इस क्षेत्र के टेलिकॉम व्यवसाय को जानता है, वो यह भी जानता है कि विक्रम सिन्हा जी का कितना योगदान है एयरटेल को छत्तीसगढ़ में मार्किट लीडर बनाने में। उनकी एक और बड़ी खूबी है, प्रतिभाओं को पहचानने की। इस गुण को अंग्रेज़ी में 'हैण्ड पिकिंग ए टैलेंट' कहते हैं। मतलब बिना लम्बे-लम्बे साक्षात्कारों और मीटिंग्स के, सिर्फ़ एक झलक देखकर यह अनुमान लगाना कि फलाना व्यक्ति कितनी लम्बी रेस का घोड़ा है।

उनकी यही खूबी मुझे एक दूसरे व्यक्ति और लीडर की तरफ़ ले जाती है जिसकी प्रतिभा पहचान की कला का मैं कायल हूँ। पाकिस्तान ने 50 ओवर वाला सिर्फ़ एक क्रिकेट वर्ल्डकप जीता है। वह भी संन्यास के बाद राष्ट्रपति ज़िया उल हक़ के विशेष अनुरोध पर वापस आये कप्तान के नेतृत्व में। विदित हो कि इमरान खान संन्यास लेकर वापस आये थे और उनके करिश्माई नेतृत्व में ही पाकिस्तान के लिए यह उपलब्धि संभव हो पायी। क्रिकेट लोक की यह बड़ी प्रचलित किंवदंती है कि इमरान खान एक बार बीमार थे और घर पर आराम करते हुए पाकिस्तान टी.वी. पर एक घरेलू क्रिकेट मैच देख रहे थे। एक तेज़ गेंदबाज़ की गति और नियंत्रण से वो बहुत प्रभावित हुए। कुछ दिन बाद वो गेंदबाज़ पाकिस्तान राष्ट्रीय टीम के खिलाड़ियों को नेट्स में गेंदबाज़ी कर रहा था। उसके और थोड़े दिन बाद, वो अन्तरराष्ट्रीय टीम का हिस्सा बन

कर, विरोधी बल्लेबाज़ों पर अपनी हवा में घूम कर तेज़ी से अन्दर आती हुई इन स्विंग योर्कर गेंदों से कहर बरपा रहा था। ऐसी गेंदों के दो ही हश्र होते थे, या तो बल्लेबाज़ का पंजा टूटता था या फिर उसका स्टंप उखड़ता था। अगर आप नहीं भी पहचान पाए तो मैं बताता हूँ, उसका नाम वकार यूनुस है। और ले-देकर बल्लेबाज़, यदि वकार की 6 गेंदें खेल भी लेता तो दूसरे छोर पर, समान रूप से या फिर उससे ज़्यादा ख़तरनाक एक और गेंदबाज़ जो खुद इमरान की पारखी नज़रों की खोज था, उसका शिकार करने को आतुर रहता था, जी हाँ! वसीम अकरम।

इसी क्रम का तीसरा खिलाड़ी है वो, जिसको लोगबाग, उसके मोटापे के चलते आलू नाम से चिढ़ाते रहते थे। आम व्यक्ति तो उसकी मोटी चमड़ी के परे जा नहीं पाए पर इमरान ने नेट पर ही यह भाँप लिया कि इस बल्लेबाज़ की प्रतिभा यह है कि वो गेंद की गति, लाइन और लेंग्थ बहुत जल्दी भाँप लेता है। जिस कारण उसके पास, कौन सी गेंद पर क्या शॉट खेलना है, उसको तय करने के लिए बहुत समय होता है। ये खिलाड़ी है इंजमाम उल हक जिसकी ताबड़तोड़ बल्लेबाज़ी का बहुत योगदान रहा पाकिस्तान को विश्वकप जिताने में। कालांतर में वो पाकिस्तान के कप्तान भी बने।

तो ऐसे होते हैं लीडर, जो टीम को सामान्य से असामान्य उपलब्धियों की ओर लेकर जाते हैं। तो जहाँ आज का युवा, सोशल मीडिया पर अलीबाबा के जैक मा और टेस्ला के एलोन मस्क की प्रेरणादायी वीडियोज़ शेयर कर रहा है, तो वहीं विक्रम सिन्हा जैसे लीडर, भारत और मालदीव्स से लेकर म्यांमार तक युवाओं के लिए प्रेरणा की जीती-जागती मिसाल बने हुए हैं।

बात जब क्रिकेट की चल ही निकली है, और वह भी विश्वकप की, तो याद कीजिये 1983 के विश्वकप की शानदार जीत। इसी जीत का ही कमाल था जिसने क्रिकेट को भारत का अनौपचारिक राष्ट्रीय खेल बना दिया, और यह स्थिति आज भी कायम है। आप में से बहुत से लोग जो इसे पढ़ रहे हैं, वो 1983 के बाद इस धरती पर आये होंगे लेकिन आज भी जब न्यूज़ चैनल्स में यदा-कदा 83 की स्मृतियों को पुनर्जीवित किया जाता है तो हर पूर्व खिलाड़ी या विशेषज्ञ एक ही सुर में कहते हैं कि वह एक टीम की जीत थी।

8-8 ऑल राउंडरों से सजी इस टीम में हर मैच में कोई-न-कोई ऑल

राउंडर कभी-न-कभी अपना कमाल दिखाता और टीम को जीत मिलती। बलविंदर सिंह संधू हमारे देश से निकले सबसे अच्छे गेंदबाज़ तो नहीं हैं, लेकिन अभी भी चैनलों में जब तब उनकी वो गेंद दिखाई जाती है जब उन्होंने 1983 के विश्वकप के फ़ाइनल में गोर्डन ग्रीनिज़ को बोल्ड किया था। और जिसके बाद वेस्ट इंडियन विकेट गिरने शुरू हुए थे। सुनील गावस्कर और कपिल देव जैसी विलक्षण प्रतिभाओं को तो उनका श्रेय आगे-पीछे मिल ही जाता है, पर संधू जैसी कमतर प्रतिभाओं को भी एक सफल टीम का हिस्सा होने का लाभ मिलता है।

यह होता है एक असामान्य रूप से सफल टीम का, एक सामान्य सा हिस्सा होने का फल।

बहुत साधारण-सी चीज़ें या लोग एक साथ मिलकर बहुत असाधारण-से काम कर लेते हैं। कमज़ोर तिनकों को जोड़ कर बनी हुई रस्सियाँ शक्तिशाली हाथी को काबू करने के लिए उपयोग में आती हैं।

टीम में लोग भले ही संख्या में कम हों लेकिन अगर समान रूप से, शिद्दत के साथ किसी कार्य विशेष में लग जायें तो बहुत बड़े कार्यों को अंजाम दे जाते हैं। ऐसा ही हुआ था 1897 में सारग्राही के युद्ध में, जब 21 सिख योद्धाओं ने, जी हाँ!! मात्र 21 ने! करीब 10,000 की संख्या की मज़बूत अफ़गान सेना को नाकों चने चबवा दिए थे। तो टीम छोटी ही सही, पर अगर, एक स्वप्न, एक लक्ष्य के लिए स्वप्रेरित है तो सफलता हाथ अवश्य आती है और बड़े-बड़े कार्य पूर्ण हो जाते हैं।

बात जब बड़े कार्य की हो तो हर भारतीय के लिए अंग्रेज़ों से भारत की स्वतंत्रता पाना एक बहुत ही बड़ा कार्य था। इस सफल कार्य के सबसे बड़े नायक माने गए महात्मा गाँधी। आज की युवा पीढ़ी में एक तबका ऐसा भी है, जो अधपके और अधकचरे ज्ञान के कारण गाँधी जी की नीतियों में कुछ खामियाँ ढूँढ़ता रहता है। मैं सिर्फ़ इतना ही कहना चाहूँगा कि हम जैसे लोग जो स्वतंत्र भारत में पैदा हुए हैं, वो सोच ही नहीं सकते कि गुलामी का जीवन क्या रहा होगा! कैसा लगता होगा हमारे पूर्वजों को, जब वो किसी संस्था या होटल के बाहर से गुज़रते होंगे, जहाँ लिखा होता था कि, 'कुत्तों और भारतीयों का प्रवेश वर्जित है।' तो गाँधी जी की नीतियों की सबसे बड़ी सफलता थी

आज़ादी की लड़ाई को जन आन्दोलन बनाना, हर व्यक्ति की लड़ाई बनाना। भारत जैसे विशाल देश में तब तक कोई मुहिम सफल नहीं हो सकती जब तक हर एक व्यक्ति उस मुहिम से नहीं जुड़ता। आज भी भारत स्वच्छ तभी बनेगा जब हर एक व्यक्ति स्वच्छता की कीमत समझेगा और उसका पालन करेगा। सरकारी डंडे का प्रभाव एक सीमा तक ही होता है। तो गाँधी जी की वजह से सुदूर आसाम में बैठा व्यक्ति भी जब अंग्रेज़ी कपड़े पहनने से मना करता तो वो अपने को उस आन्दोलन से उतना ही जुड़ा पाता जितना कि दिल्ली के चाँदनी चौक में अंग्रेज़ों की लाठियाँ खा रहा कोई शख्स अपने को जुड़ा पाता। अगर पश्चिम में डांडी यात्रा का हिस्सा बनकर कोई अपने को स्वतंत्रता सेनानी समझता, तो मद्रास में अंग्रेज़ों द्वारा जेल भेजा जा रहा व्यक्ति भी इस बात को महसूस करता। तो यह थी हमारे स्वतंत्रता आन्दोलन की सबसे बड़ी खूबी। मेरे विचार से हर भारतीय के लिए हमारा स्वतंत्रता आन्दोलन और उसकी सफलता टीमवर्क की सबसे सटीक मिसाल है।

और अच्छे लीडर दूरदर्शी होते हैं। आज बड़ी-बड़ी कंपनियों में ऐसे विभाग होते हैं जो लिंग अनुपात में नज़र रखते हैं ताकि महिलाओं को भी उचित स्थान मिले। ऐसा न लगे कि फलांनी कम्पनी महिलाओं को उचित प्रतिनिधित्व नहीं देती। मैं ऐसी बातचीत का भी साक्षी रहा हूँ जहाँ पर यह सूचित किया जा रहा था कि दिल्ली ऑफ़िस से यह निर्देश है कि फलां जगह पर एक लड़की को ही लेना है, क्योंकि लिंग अनुपात ठीक करना है। और वहीं पर स्थानीय टीम लीडर यह कह रहा था कि 'नहीं सर इस काम के लिए नहीं क्योंकि इसमें टूरिंग बहुत है और आने-जाने के समय का कोई हिसाब भी नहीं है तो अगली किसी नियुक्ति में हम किसी लड़की को ले लेंगे।' अब दोनों पक्षों के पास अपने-अपने कारण होते हैं। लेकिन जैसा मैंने कहा कि बड़े लीडर दूरदर्शी होते हैं, तो नेताजी सुभाष चन्द्र बोस ने 75 साल पहले ही पहचान लिया था कि प्रभावित हो रही आधी आबादी के सहयोग और समर्थन के बिना बड़ी जंग नहीं जीती जायेगी, इसलिए उन्होंने 'झाँसी की रानी' ब्रिगेड के माध्यम से महिलाओं को आज़ाद हिन्द फ़ौज में लड़ने के लिए जगह दी और अपनी टीम को मुकम्मल किया।

अब हमने खेल से लेकर सिनेमा, राजनीति और व्यवसाय जगत में एक

अच्छी टीम के महत्त्व को देख लिया। ज़रा सोचिए, हमारे पास और हमारे लिए, सबसे पहली और सबसे ज़रूरी टीम कौन-सी होती है? भले आज के 'हम दो हमारे दो' के दौर में परिवार अपेक्षाकृत सिमट रहे हों—और जनसंख्या विस्फोट को देखते हुए यह ज़रूरी भी है—लेकिन परिवार ही हमारी सबसे महत्त्वपूर्ण टीम होती है। कहते हैं न कि देश सीमाओं पर तो युद्ध झेल जाता है पर सीमाओं के अन्दर हो रहे गृह युद्ध नहीं झेल पाता। ठीक उसी तरह हम बाहर कितनी भी बड़ी समस्या को झेल लें लेकिन घर के अन्दर होने वाली थोड़ी-सी अनबन भी हमको परेशान कर देती है। तो आज के दौर में 3 से लेकर शायद 6 लोगों का परिवार, जिसमें वृद्ध भी शामिल हैं, छोटी ही सही, पर एक टीम है।

- टीम हो या परिवार, फ़र्क पड़ता हैं, जब कुछ सदस्य स्वयं को उपेक्षित पाते हैं।
- टीम हो या परिवार, फ़र्क पड़ता है, जब वरिष्ठ सदस्य तानाशाही पर उतर आते हैं।
- टीम हो या परिवार, फ़र्क पड़ता है, जब कनिष्ठ सदस्यों को अपने विचार और अपनी भावनाएँ व्यक्त करने की आज़ादी नहीं होती।
- टीम हो या परिवार, फ़र्क पड़ता है, जब सारा काम कुछ सदस्य करते हैं और बाकी सदस्य आराम करते हैं।
- टीम हो या परिवार, फ़र्क पड़ता है, जब वरिष्ठ सदस्य सिर्फ़ अपने विकास के बारे में सोचते हैं और अपने कनिष्ठों के विकास पर ध्यान नहीं देते।
- टीम हो या परिवार, फ़र्क पड़ता है जब इसके सदस्य वो नहीं करते जो वो कहते हैं।
- टीम हो या परिवार, फ़र्क पड़ता है, जब सफलता का सेहरा तो हर सदस्य बाँधना चाहता है, पर हार का हार कोई पहनना नहीं चाहता।

कंप्यूटर जी कृपया इस लाइन को लॉक किया जाये—

'अनहोनी को होनी कर दे होनी को अनहोनी, एक जगह जब जमा हों तीनों, अमर अकबर एन्थोनी।'

कभी-कभी मेरे दिल में ख़याल आता है

हमने पहले के एक अध्याय में यह चर्चा की है कि फ़िल्म 'कभी-कभी' की सफलता और सार्थकता में साहिर की शायरी का कितना बड़ा योगदान था। उसी क्रम में, उस फ़िल्म का एक और गीत, इस अध्याय में कही जाने वाली बात का शीर्षक होने का दावा करता है। वो पंक्तियाँ हैं—

'कभी-कभी मेरे दिल में ख़याल आता है।'

इसे लता मंगेशकर और मुकेश, दोनों ने, अपनी आवाज़ से सुशोभित किया है। फ़िल्म के एक सीन में अमिताभ बच्चन खुद अपनी आवाज़ में इस गीत का पाठ करते हैं। पिछले अध्याय के उलट, हम इन पंक्तियों के भावार्थ या दर्शन को आधार नहीं बनायेंगे, बल्कि उसको शब्दशः लेंगे। 'ख़याल' शब्द मूलतः अरबी भाषा से आया एक शब्द है जिसके मायने कल्पना शब्द के करीब होते हैं। लेकिन आम बोलचाल में इसका उपयोग एक विचार के पर्यायवाची के रूप में किया जाता है। शायर जो कहता है, उसके उलट हमें ख़याल कभी-कभी नहीं आता, बल्कि हमारी विचार प्रक्रिया, हमारे हर जागृत क्षण की कभी न खत्म होने वाली प्रक्रिया है।

यह स्थिति हितकारी या फिर अहितकारी दोनों तरह के परिणाम दे सकती है।

'मन के हारे हार, मन के जीते जीत।'

खुशखबरी यह है कि हम अपनी विचार प्रक्रिया को संचित कर सकते हैं। उसे हम एक दिशा में निर्धारित कर सकते हैं। प्रसिद्ध लेखक नेपोलियन हिल की 1937 में प्रकाशित किताब *थिंक एंड ग्रो रिच* आज तक पढ़ी जाती है। उस किताब में उन्होंने विचारों की ताकत के बारे में काफ़ी विस्तार से

लिखा है। यह कहने में कोई अतिशयोक्ति नहीं है कि यह किताब एक गंगोत्री है, और इसके बाद, सक्सेस साहित्य की श्रेणी में जो भी छोटी-बड़ी किताबें आई हैं, वो कमोबेश इसी गंगोत्री से निकली हैं। चाहे वह रोहांडा बार्न की बेस्ट सेलर *सीक्रेट* हो या फिर खाकसार की यह किताब जो आप अभी पढ़ रहे हैं। कमोबेश हर किताब ने कम या ज़्यादा, लेकिन हिल की किताब से प्रेरणा ज़रूर प्राप्त की है और नेपोलियन हिल ने ही कहा है कि—'दरिद्रता और ऐश्वर्य हमारी विचार प्रक्रिया से ही उपजते हैं।'

हिल जब यह कहते हैं तो हमें मानना चाहिए क्योंकि उन्होंने अपनी किताब लिखने के लिए अपने जीवन के 25 साल, अमेरिका के 19वीं और 20वीं शताब्दी के करोड़पतियों का साक्षात्कार और उन पर शोध करने में गुज़ार दिए।

आज की हमारी दुनिया के लोकप्रिय फ़िक्शन लेखक पाउलो कोहेलो जिनका उपन्यास द *अलकेमिस्ट* दुनिया में बहुत से लोगों का पसंदीदा उपन्यास है, उसमें वो लिखते हैं (और यह मेरा अनुवाद है)—

'और जब आप किसी चीज़ को, किसी लक्ष्य को शिद्दत से चाहते हो तो पूरा ब्रह्माण्ड उस चीज़ को आप तक पहुँचाने की, उस लक्ष्य को हासिल करने की साज़िश रचता है।' इसी पंक्ति को शाहरुख खान और निर्देशक फरहा खान ने, बॉलीवुडिया ट्विस्ट देते हुए, अपनी फ़िल्म 'ओम शांति ओम' में इस संवाद के रूप में सफलतापूर्वक दोहराया—

'इतनी शिद्दत से मैंने तुझे पाने की कोशिश की कि हर ज़र्रे ने मुझे तुझसे मिलाने की साज़िश की।'

लेखक और फ़िल्मकार दोनों का तात्पर्य यही था कि आपकी सोच और आपकी सफलता में बहुत बड़ा और बहुत गहरा सम्बन्ध होता है।

'जो आप सोचते हैं वो आप बन जाते हैं, आप जिसे महसूस करते हैं उसे आप आकर्षित करते हैं, जिसकी आप कल्पना करते हैं उसका आप निर्माण करते हैं।'

—बुद्ध

बहुत से लोगों का यह मत है कि उपरोक्त वाक्य बड़े आधुनिक कलेवर का है और आज की दुनिया का लगता है, जिसे शायद महात्मा बुद्ध ने न कहा हो। अब अपनी तत्कालीन दुनिया के बौद्ध भिक्षुओं के लिए बुद्ध ने शायद इससे

मिलता-जुलता कुछ कहा हो, पर वाक्य आज के सन्दर्भ में है तो सटीक। और फिर, हम और आप तो आम खायें ये गुठलियाँ गिनने में क्यों समय नष्ट करें।

हमारे पुराने आख्यान भी ऐसी कहानियों से अटे पड़े हैं जो सोच के सकारात्मक और विश्वास के दृढ़ होने की बात कहते हैं। स्मरण कीजिये सत्यवान और सावित्री की वो कथा जिसका पहले पहल विवरण *महाभारत* के 'अरण्य-पर्व' में आता है। वो एक ऐसी स्त्री की कहानी है जो अपनी एक सूत्रीय सोच और दृढ़ विश्वास के भरोसे और अपने बुद्धि चातुर्य के बल पर यमराज से अपने मृत पति का जीवन और अपने ससुर का राजपाट वापस ले आती है। 21वीं सदी की तार्किकता से भरे हमारे दिमाग, इस कहानी को शब्दश: भले न मानें लेकिन हमारी सारी पौराणिक कहानियों को हमें एक रूपक के तौर पर देखना चाहिए, जिसमें हमेशा कोई-न-कोई सन्देश निहित होता है।

आज तक इस दुनिया में जो भी आविष्कार हुए हैं वो पहले पहल किसी वैज्ञानिक के दिमाग में यह ख़याल बन कर आये हैं कि 'ऐसा भी हो सकता है।'

- एडिसन ने सोचा कि रात को भी घरों में कृत्रिम प्रकाश होना चाहिए और बल्ब का आविष्कार हुआ।
- राइट बंधुओं ने सोचा कि इंसान को भी हवा में उड़ना चाहिए और हवाई जहाज़ का आविष्कार हुआ।
- ग्राहम बेल ने सोचा कि दूर बैठे लोगों में भी बात होनी चाहिए और टेलीफ़ोन का आविष्कार हुआ।
- मार्टिन कूपर ने सोचा कि टेलीफ़ोन की वायर में ही क्यों उलझे रहें बातचीत के लिए, तो मोबाइल फ़ोन का आविष्कार हुआ।
- स्टीव जॉब्स ने सोचा कि 21वीं सदी में मनुष्य के साथ उसका फ़ोन भी स्मार्ट होना चाहिए और आई फ़ोन का आविष्कार हुआ।
- सदियों से लोग पेड़ों से गिरते हुए फलों को बस खाते रहे, ये बस न्यूटन ही सोच पाये कि ये गुरुत्वाकर्षण के सिद्धांत के कारण होता है।

कभी-कभी हम जो सोचते हैं वो नहीं भी हो पाता लेकिन अगर सोच सकारात्मक हो, और मेहनत में ईमानदारी हो तो ऊपरवाला किसी और चीज़ से उसकी भरपाई कर देता है। क्रिस्टोफ़र कोलम्बस खोजने तो निकले थे भारत के लिए एक समुद्री रास्ता। लेकिन वो खोज नहीं पाए और उन्होंने खोज

ली एक नई दुनिया यानी अमेरिका। किसी भी तरह से देखें तो हमारी सभ्यता कम-से-कम 5000 साल पुरानी तो है ही। लेकिन आज के विश्व पर राज हम नहीं कर रहे, बल्कि सिर्फ़ 500 साल पहले दुनिया के मानचित्र में आया देश अमेरिका कर रहा है। इसके पीछे हर अमेरिकी का अपने राष्ट्र को एक महान राष्ट्र बनाने की सोच का बहुत बड़ा योगदान है।

अब ज़रा इन महान वैज्ञानिकों की दुनिया छोड़ कर और अमेरिका की चमक-दमक से दूर अपने गाँव और अपने देश आते हैं। और सीधे एक हिन्दी फ़िल्म में प्रवेश कर जाते हैं। एक ऐसे सीन में जहाँ फ़िल्म का किरदार, किसी 60-70 के दशक की फ़िल्म में बिस्तर पर बीमार पड़ा है। और एक डॉक्टर उसका चेकअप कर रहा है। डॉक्टर, जिसके पास कुछ और हो न हो, लेकिन एक स्टेथोस्कोप ज़रूर होता है, जिसका प्रयोग वह सारे चिकित्सीय तर्क को धता बताते हुए हर किसी बीमारी के लिए करता है। तो स्टेथोस्कोप रोगी के सीने से उठाता हुआ, वह बाकी परिवार के सदस्यों की तरफ़ देख कर, उस संवाद को कहता है, जो 4-5 ऐसे सीन वाली हिन्दी फ़िल्म देख कर आप भी अनुमान लगा सकते हैं। जी हाँ!! वह कहता है—'अब इन्हें दवा की नहीं दुआ की ज़रूरत है।'

ये दुआ, ये प्रार्थना आखिर होती क्या है। अंत में तो वो एक सोच एक विचार एक ख़याल ही होता है। जो पूरी सकारात्मकता के साथ, पूरी शिद्दत के साथ व्यक्ति भगवान से करता है ताकि उसकी बात ऊपरवाला सुन ले। और जब वाकई दुआ में दम होता है तो चमत्कार भी होते हैं। मुग़ल बादशाह बाबर के बारे में यह प्रचलित है कि उसने अपने युवा पुत्र हुमायूँ का जीवन बचाने के लिए पूरी शिद्दत से दुआ माँगी थी, और कहा था कि खुदा भले उसकी जान ले ले पर हुमायूँ को बख़्श दे। और ऐसा ही हुआ, बाबर की असमय मृत्यु हो गयी और हुमायूँ की जान बच गयी। इस किंवदंती में कितनी हकीकत और कितना फ़साना है, यह तो ऊपरवाला ही जाने, पर प्रार्थनाओं के सफल परिणाम फलीभूत होने के बहुत से किस्से अपनी इस दुनिया में सुने और सुनाए जाते हैं।

अभी तक तो हमने की शुभ और विकासोन्मुख विचारों की बात। लेकिन जैसा मैंने पहले कहा, हर शक्ति के दो रूप होते हैं। अगर विज्ञान ने हमारे

जीवन को आसान बनाया है तो वही हमारे सामने अणु और परमाणु बम जैसे खतरे भी लाया है। जिस तरह हमने आधुनिकता की होड़ में प्रकृति द्वारा प्रदत्त सुविधाओं और साधनों का बेलगाम दोहन किया है, ठीक उसी तरह, हममें से कइयों ने अपने विचारों को नकारात्मक, संकुचित करते हुए, खुद का और अपने आस-पास के लोगों का नुकसान भी किया है।

एक और बात जो हमारे देश में थोड़े परिवर्तन के साथ हर जगह प्रचलित है—'हमेशा अच्छा और शुभ ही बोलो, क्योंकि दिन में एक बार सरस्वती हमारे मुख में निवास करती है।'

हमारे पूर्वजों में आधुनिक विज्ञान का ज्ञान भले न हो पर सहज और सामान्य ज्ञान काफ़ी था। उन्हें इस बात का एहसास था कि मनुष्य जो सोचता है, वैसा ही वो बोलता है, बनता है, और करता है। तो ऐसे नियम बनाओ, देवी-देवता को आगे करके कि व्यक्ति शुभ और सही कार्य ही सोचे, बोले, और करे। मैंने पहले भी कहा है कि प्राचीन कहानियों या किंवदंतियों को शब्दशः नहीं बल्कि एक बड़ी शिक्षा देते हुए बतौर एक रूपक लें। तो दुआ और प्रार्थना भी सोच और विचार की शक्ति की ही एक अभिव्यक्ति है, जिसकी बात हम इस अध्याय में कर रहे हैं।

अगर आप लोगों में से कुछ को अभी तक डाइटीशियन के पास जाने की ज़रूरत नहीं पड़ी है तो भगवान करे आगे भी न पड़े। लेकिन अगर कुछ लोग इस प्रजाति के लोगों से मिले हैं तो उन्हें ज्ञात होगा कि डाइटीशियन आपको पहले ये कार्य देते हैं कि आप 7 दिन तक लगातार जो कुछ भी खाते-पीते हो उसका एक लेखा-जोखा बनाओ। ऐसा करने से आप इस बात के लिए जागरूक होगे कि आप अपने इस पापी पेट में क्या-क्या अनाप-शनाप डालने का पाप कर रहे हो। 7 दिन के बाद आपकी जो एक गलतफ़हमी दूर हो जाती है, वो यह कि अभी तक तो आपको यह समझ में ही नहीं आता था कि आपका पेट और वज़न क्यों बढ़ा हुआ है। 'मैं तो ज़्यादा खाता नहीं, मैं तो ये तेल में डूबे नाश्ते करता नहीं, चाय-कॉफ़ी का क्या है, दिन में दो बार, ज़्यादा हुआ तो तीन बार।' ये और ऐसे बहुत से मुगालते आपने पाले होते हैं। अगर आपने 7 दिन की सूची ईमानदारी से बनायी है, तो उसमें आप पाते हैं कि विभिन्न कारणों से आपने हफ़्ते में 2-3 बार नुक्कड़ के हलवाई

के समोसे और चाट डकारी है। वो दो चाय तो आपकी घर में होने वाली चाय हैं। ऑफ़िस का चपरासी जो दिन में 2 बार कट चाय लाता है, मार्किट विज़िट में आपका रिटेलर और डिस्ट्रीब्यूटर लोट-लोट कर आपको चाय-ठंडा पिलाता है, उसको तो आप अपनी नौकरी का ही एक हिस्सा मान के चलते थे। अब आखिर आदमी नौकरी करता क्यों है? पापी पेट के लिए ही तो!! और रात का खाना, यानी कि डिनर। अरे भाई डिनर तो आपने कभी 10:30 बजे के पहले किया ही नहीं ज़िन्दगी में। हाँ-हाँ मालूम है!! एक कर्तव्यनिष्ठ प्राइवेट सेक्टर कर्मचारी की तरह आप घर ही 8:30-9:00 बजे तक पहुँचते थे तो जल्दी कैसे खाते। तो सात दिवस की सूची के बाद आपका परिचय अपने अन्दर छुपे एक ऐसे व्यक्ति से होता है जिसके खाने-पीने का समय, सीमा और सामग्री वो है, जो नहीं होनी चाहिए। और इन सबसे आप शायद वाकिफ़ तो थे पर इन सबके प्रति जागरूक नहीं थे।

काश! काश कि ऐसी ही कोई लिस्ट आदमी अपने विचारों की बना पाता, तो वह यह पाता कि हर रोज़, हर घंटे, हर क्षण वो ऐसे कितने ही विचारों को अपने मन-मस्तिष्क में प्रवेश करवा रहा है जो नकारात्मक, संकीर्ण, ईर्ष्यालु, द्वेषी और फ़िज़ूल हैं। पर ऐसा संभव नहीं है, क्योंकि विज्ञान यह बोलता है कि मनुष्य की विचार शक्ति अथाह है। हर मिनट में उसके पास 35-40 विचार आ सकते हैं और दिन में करीब 50-70 हज़ार विचार। अब कितनी भी मोटिवेशनल बातें हम कर लें, लेकिन यह कार्य तो असंभव के नज़दीक ही है कि हम सारे काम करते हुए इन सारे विचारों का लेखा-जोखा रखें। इस से मुझे एक और काश की याद आ गयी।

'हमारे सबसे बड़े शत्रु हमारे वो विचार हैं जो हम बिना सोच-विचार और मार्गदर्शन के खुद में आत्मसात् होने देते हैं।'

—बुद्ध

ये जो हमारे निराशावादी विचार होते हैं वो हम पर ऐसा ही हमला करते हैं जैसे आतंकवादी किसी शहर में करते हैं। लेकिन आतंकवादियों को तो असला-बारूद इकट्ठा करके उसको हमले की जगह पहुँचाना होता है। आदमी तैयार करने होते हैं। अभ्यास करना होता है और वो भी सबसे बच कर। अगर एक विचार का, हमारे अन्दर जन्म लेना या आत्मसात् होना, इतना ही कठिन

होता तो हम फिर भी बच जाते। पर पृथ्वी ने और प्रकृति ने, हमारी ज़रूरत की सभी वस्तुएँ हमें मुफ़्त दी हैं। और इसलिए हमको एक पैसा खर्च नहीं करना पड़ता कुछ सोचने के लिए। और जैसा कहते हैं कि व्यक्ति मुफ़्त के माल की कद्र नहीं करता तो हम भी अपनी विचार प्रक्रिया की कद्र नहीं करते और अनाप-शनाप विचार मन में लाते रहते हैं और खुद का घाटा करवाते रहते हैं।

'अरे भाई बहुत हो गया ज्ञान, अब ज़रा कुछ उपाय बताओ!!' अपने क्षीण होते हुए धैर्य के साथ आप कुछ ऐसा सोच रहे होंगे।

तो जैसा मैंने पहले कहा कि जीवन में हर कठिन समस्या का हल बड़ा आसान होता है। तो क्यों न हम यूँ करें—

- हम अपनी विचार प्रक्रिया में सिर्फ़ सकारात्मक विचार को प्रवेश देंगे।
- हम अपनी विचार प्रक्रिया में सिर्फ़ आशावादी विचार को जगह देंगे।
- हम अपनी विचार प्रक्रिया में सिर्फ़ विकासोन्मुख विचार को जगह देंगे।
- हम अपनी विचार प्रक्रिया में सिर्फ़ मैत्रीपूर्ण, ऊर्जावान विचार को जगह देंगे।
- गलती से अगर नकारात्मक, द्वेषपूर्ण, निराशावादी विचार हमारे मन-मस्तिष्क की सीमा पार कर घुसते हुए मिल ही गए, तो मानवाधिकार या यू.एन. की परवाह न करते हुए हम देखते ही उनको गोली मार देंगे।

और विज्ञान यह कहता है कि दैनिक अभ्यास के साथ ये करना संभव होता है। याद है न—'करत करत अभ्यास के जड़मति होत सुजान।'

और जिस तरह बहादुर वो नहीं होता जो कभी डरा ही नहीं, बल्कि वो होता है जो समय रहते डर पर विजय पा ले। उसी तरह सफल, सकारात्मक, आशावादी मनुष्य वो नहीं होता जिसको एक क्षण के लिए भी निराशा नहीं घेरती, बल्कि वो होता है, जो समय रहते अपनी विचार प्रक्रिया पर नियंत्रण पा लेता है।

इस किताब के माध्यम से देने के लिए मेरे पास—जैसा मैंने पहले कहा है—दो ही वस्तु हैं, पहली है उम्मीद और दूसरा उदाहरण।

हम भारतीय यह तो जानते हैं कि भारत पाकिस्तान विभाजन के वक़्त लोगों ने कितना कुछ खोया और सहा। भला हो हॉलीवुड फ़िल्मों का कि हम यह भी जानते हैं कि द्वितीय विश्व युद्ध में जर्मन तानाशाह हिटलर ने यहूदियों

पर कितने अमानवीय अत्याचार किये और कैसे एक संगठित और सुनियोजित तरीके से अपने बने कैम्पों में यहूदियों का गैस की भट्ठी और गोलियों से कत्लेआम किया। और मृत्यु से पहले उन जबरन बने कैदियों का बेइंतहा शोषण किया। ऐसे ही एक कैम्प में एक विक्टर फ्रान्कल नामक कैदी था, जिसकी शिक्षा और पेशा मनोविज्ञान से जुड़ा था। अपनी शिक्षा और जिजीविषा के भरोसे उसने अपनी विचार प्रक्रिया पर नियंत्रण रखा और अपनी पत्नी से पुनः मिलन को अपने जीने का उद्देश्य बनाया। जब भी निराशा और अवसाद उसे घेरते, तो वो अपनी पत्नी के साथ बिताये सुनहरे पलों को याद करता और अपनी पत्नी के साथ भविष्य में बिताये जा सकने वाले सुनहरे पलों की कल्पना करता। बाद में उसने लिखा कि कैम्प में सबसे पहले वही लोग मरे जिन्होंने आशा का दामन छोड़ दिया था और जिनके पास जीने की कोई वजह नहीं बची थी। या फिर वो जीने की कोई वजह, अपनी विचार प्रक्रिया में स्थापित नहीं कर पाए। अपनी सकारात्मकता के साथ विक्टर ने मृत्यु और हिटलर के दानत्व पर विजय पायी। हिटलर मारा गया और विश्व युद्ध ख़त्म हुआ। विक्टर कैम्प से रिहा हुआ। अब चूँकि ये सच्चाई है, कोई बॉलीवुड फ़िल्म नहीं, तो बाहर आकर उसे मालूम पड़ा कि उसका पूरा परिवार, माता-पिता, पत्नी सब दूसरे कैम्प में मारे गए, सिर्फ़ उसकी एक बहन को छोड़ कर।

बाहर आकर विक्टर ने ढेरों किताबें लिखीं जिनमें *सर्चिंग मीनिंग इन मैन्स लाइफ़* बहुत मकबूल हुई। और उन्होंने अपने तमाम लेक्चर्स और शोधों में यही कहा कि व्यक्ति को विपरीत से विपरीत परिस्थिति में भी अपने ख़याल सकारात्मक रखने चाहिए। 1997 में 92 वर्ष की उम्र में विक्टर का देहांत हुआ।

'जिसने जीने का ''क्यों'' ढूँढ़ लिया, वो किसी भी प्रकार के ''कैसे'' से पार पा सकता है।'

—फ्रेडरीक नीत्शे

कंप्यूटर जी कृपया इस लाइन को लॉक किया जाये—

> *'आपकी सोच आपके कर्म तय करती है, और आपके कर्म आपकी सफलता। इसलिए सोच हमेशा सकारात्मक और सही दिशा में रखिये।'*

तीन पत्ती

'**अ**मां ये क्या कर रहे हो रुपेश बाबू? ज्ञान की बातें करते–करते, ये ताश की बाज़ी कैसे लगाने बैठ गए!'

ऐसा आप सोच सकते हैं, इस अध्याय का शीर्षक पढ़ कर। क्योंकि सच्चाई यह है कि 'तीन पत्ती' कहने के साथ ही जो पहली छवि मन में आती है, वो ताश से जुड़े एक लोकप्रिय खेल की है। इस अध्याय के शीर्षक को मैं बच्चन साहब की प्रसिद्ध फ़िल्म 'शराबी' के एक संवाद से लेना चाहता था। अपने नाम के विपरीत फ़िल्म 'शराबी' (1984) में, काफ़ी हास्य और दार्शनिकता भी थी। एक सीन में अमिताभ बच्चन नायिका जया प्रदा से कहते हैं, 'हमारी ज़िन्दगी का तम्बू तीन बम्बू पर खड़ा है, शायरी, शराब और आप।' लेकिन यह संवाद लम्बा होने के साथ थोड़ी उलझन भी पैदा करता। चलो एक चीज़ तो आपको समझ आ गयी होगी कि इस अध्याय में 'तीन' का महत्त्व है तो फिर आप सोच सकते हैं कि मैंने बच्चन साहब की 2016 में प्रदर्शित 'तीन' नामक फ़िल्म को ही अपना शीर्षक क्यों ना बना लिया? लेखक के विशेषाधिकार के अलावा इस विकल्प की कोई काट मेरे पास नहीं है।

बहुत से लोग सोच रहे होंगे कि कमबख्त ये 'तीन पत्ती' नामक कौन–सी फ़िल्म में और कब बच्चन जी ने काम कर लिया? तो ये अमिताभ बच्चन की सफल दूसरी पारी की एक असफल पिक्चर है जो 2010 में प्रदर्शित हुई थी। फ़िल्म इतिहासकार इसको दो कारणों से याद करेंगे। पहले तो यह आज की चर्चित अभिनेत्री श्रद्धा कपूर की पहली पिक्चर थी और दूसरे 'गाँधी' फ़ेम बेन किंग्सले ने इसमें अभिनय किया था।

बहरहाल, तो इस अध्याय का उद्देश्य है आपको एक सफल जीवन की

तीन प्राथमिकताओं से परिचय करवाने का। और वो हैं, पैसा, परिवार और सेहत। मेरे हिसाब से ये प्राथमिकताएँ होनी चाहिए लेकिन ज़रूरी नहीं कि इसी क्रम में हों।

लेकिन इसके साथ ही ज़रूरी है इनके बीच संतुलन का होना। भारतीय दर्शन में संतुलन का बड़ा महत्त्व है। हमारे प्राचीन चिकित्सा शास्त्र 'आयुर्वेद' में यह वर्णित है कि हमारा शरीर तीन दोषों का मिश्रण है। वो हैं वात, पित्त और कफ़। जब तक ये तीनों दोष सही मात्रा में शरीर में उपस्थित रहते हैं मनुष्य स्वस्थ रहता है। जैसे ही इनमें असंतुलन आता है तो रोग व्यक्ति को घेरते हैं। पर्यावरण शास्त्री भी कहते हैं कि संतुलन प्रकृति को बहुत प्रिय है। धरती तब तक ही सुचारू रूप से चलती है जब तक छोटे से छोटे और बड़े से बड़े पेड़-पौधे, कीड़े-मकोड़े और जानवर सही संख्या में धरती पर हैं। जैसे ही इनमें कोई ऊँच-नीच होती है, वैसे ही धरती, भूकंप, बाढ़ और स्खलन के रूप में अपना रौद्र रूप दिखाती है।

ठीक वैसे ही हमें, हमारे जीवन की तीन पत्तियों—पैसा, परिवार और सेहत के बीच एक संतुलन कायम करना बहुत आवश्यक है।

'अगर आप गरीब पैदा होते हैं तो यह आपका दोष नहीं लेकिन अगर आप गरीब मरते हैं तो यह आपका दोष है।'

—बिल गेट्स

विश्वभर में व्यक्ति सफल है या असफल, यह पता करने का सबसे बड़ा मापदंड है कि व्यक्ति ने कितना कमाया। और ज़्यादातर व्यक्तियों का यही एकमात्र लक्ष्य भी होता है। होना भी चाहिए। नहीं तो दिनोदिन बढ़ती महंगाई और मुद्रास्फीति की दर का मुकाबला आप कैसे कर सकते हो। कोई पिता अपनी लड़की, और कोई बैंक लोन भी आपको तब देगा, जब वह संतुष्ट हो जायेगा कि आप पहली का भरण पोषण और दूसरे की भरपाई करने में सक्षम हो। कुल जमा जीवन का सार वही है, जो मजरूह सुल्तानपुरी ने महमूद की एक फ़िल्म के लिए लिखा था :

'ना बीवी न बच्चा ना बाप बड़ा ना भैया
द होल थिंग इज़ दैट के भैया सबसे बड़ा रुपैया'

अब इस किताब का दायरा वो नहीं, जो *अमीर कैसे बनें* जैसी किताबों

का होता है। तो पैसे कैसे कमाए जायें उसका विस्तार तो मैं करूँगा नहीं। अपनी योग्यता, महत्त्वाकांक्षा और परिश्रम के बल पर पैसे आपने कमाने हैं और मेहनत इतनी करनी है कि भाग्य अगर आपका मित्र नहीं है तो वो भी मित्र हो जाये।

हाँ, लेकिन कुछ बातें ज़रूर मैं आपको कहूँगा कि आप अपने कमाए हुए पैसों का क्या करें। मैंने व्यक्तिगत रूप से ये देखा है कि कई दफ़ा कम कमाने वाले ज़्यादा कमाने वालों से ज़्यादा बचा लेते हैं। वजह होती है पहले व्यक्ति में वित्तीय समझदारी का होना और दूसरे का फिजूलखर्च होना। मुझमें भी थोड़ी बहुत जो वित्तीय समझदारी आई है वह बहुत सी गलतियाँ करने के बाद आई है।

हमारे शास्त्रों में जीवन के चार चरण वर्णित हैं। ब्रह्मचर्य, गृहस्थ, वानप्रस्थ और संन्यास आश्रम। लेकिन यह बहुत प्राचीन विभाजन है। अब तो व्यक्ति का पूरा जीवन पहले दो चरणों में ही पूरा हो जाता है। हम चूँकि आखिर के दो चरण नहीं अपनाते तो मरते दम तक इस सांसारिक दुनिया में रहते हैं, और इसका एक मूल्य है, जो पैसे के रूप में हम चुकाते हैं। औसतन व्यक्ति 60 वर्ष की उम्र तक कमाता है, और भला हो चिकित्सीय विज्ञान में प्रगति का, जो औसत जीवनकाल प्रति व्यक्ति अब बढ़ गया है। मान लेते हैं कि आप 75 साल की उम्र तक जीवित रहते हैं तो जीवन के कम-से-कम 15 साल आप ऐसे गुज़ारेंगे जब आप सक्रिय रूप से धनार्जन नहीं कर रहे होंगे। अपने जीवन की सांझ में ही आपके और आपके जीवनसाथी की, दवाओं के खर्चे अपने चरम पर होंगे।

'सिर्फ़ बरसात की भविष्यवाणी करने से कुछ नहीं होता, लेकिन छत का प्रबंध करना महत्त्वपूर्ण है।'

—वारेन बफे

तो ऐसा क्या किया जाये, जो बुरे वक़्त या जीवन की साँझ में, मूसलाधार बारिश में, आपके लिए एक छत का काम करे। विदेशी अर्थव्यवस्था विशेषज्ञ भी यह मानते हैं कि भारतवर्ष की बचत करने की जो आदत पीढ़ी-दर-पीढ़ी चली आ रही है, उसने भारतीय अर्थव्यवस्था को कई बार वैश्विक अर्थव्यवस्था में हो रही उथल-पुथल से बचाया है। लेकिन आज की पीढ़ी, जो उपभोक्तावाद की मार से ग्रस्त है, वो अपने माता-पिता की इस आदत से दूर होती जा रही है। क्रेडिट कार्ड के बढ़ते चलन ने, 'आज खरीदो और बाद में पैसा दो' की प्रवृत्ति

को बढ़ावा दिया, जिसके कारण युवा वर्ग अपनी आय से अधिक खर्च करता है। इसलिए कुछ नियमों का, हमें जितना जल्दी हो सके पालन करना चाहिए। मैं कोई सर्टीफ़ाईड फ़ाइनेंशियल एक्सपर्ट नहीं हूँ, और जो भी मैं आगे लिखूँगा वो मेरे द्वारा की गयीं गलतियों से सीख और अमर पंडित की 2012 की किताब *द ओनली फ़ाइनेंशियल बुक देट यू विल एवर नीड* (सी.एन.बी.सी.) का सार है—

- अपनी आय के अनुरूप एक बजट निर्धारित कीजिये और हर हाल में उसका पालन कीजिये।
- अव्वल तो क्रेडिट कार्ड का कभी उपयोग मत कीजिये, गलती से कर भी लिया तो बिल पेमेंट की अंतिम तिथि के पहले हर हाल में उसका भुगतान कीजिये।
- बचत की आदत या तो आज से डालिए या फिर अपनी पहली कमाई से।
- कम-से-कम अपनी आय का 25 प्रतिशत बचत खाते में डालिए।
- जब तक संभव हो कर्ज़ मत लीजिये क्योंकि कर्ज़ एक बहुत बड़ा जाल है जिससे बाहर निकलना मुश्किल होता है।
- कर्ज़ लेना भी पड़े तो अपनी हैसियत से बढ़कर कभी न लें।
- कार जैसी संपत्तियाँ, जिनका मूल्य, शोरूम से निकलने के साथ ही घट जाता है, ऐसी संपत्ति पर कम-से-कम निवेश करिए। ऐसी संपत्ति, जैसे ज़मीन और मकान, जो ज़्यादातर बढ़ के मूल्य देते हैं, उन पर ज़्यादा निवेश करें।
- वेतनभोगी व्यक्तियों को हर महीने 'सिप' या सिस्टेमेटिक इन्वेस्टमेंट प्लान का उपयोग करते हुए म्यूच्युअल फण्ड में थोड़ा-थोड़ा निवेश करना चाहिए। ये कम जोखिम वाले निवेश हैं।

'धीरे-धीरे रे मना धीरे सब कुछ होए
माली सींचे सौ घड़ा ऋतु आये फल होए'

—कबीर

कबीरदास का यह दोहा जीवन के बहुत से क्षेत्रों के साथ शेयर मार्किट में निवेश करने वालों के लिए भी मौजू है। कई बार हम कम मेहनत से ज़्यादा कमाना चाहते हैं, और इस कारण या लाखों में एक सफलता को देखते हुए,

बहुत सा पैसा एकमुश्त स्टॉक मार्किट में लगा देते हैं। और 99.99 प्रतिशत लोग इसमें भारी घाटा उठाते हैं। इसलिए देखभाल के निवेश कीजिये, कम जोखिम जैसे म्यूच्युअल फण्ड वाले निवेशं कीजिये पर निवेश ज़रूर कीजिये। अप्रैल 1979 में सेंसेक्स 100 अंक पे था, 1991 में 1908 अंक पर था और आज 2018 में 36000 अंक को पार कर चुका है। अब आप 1979 में जाकर निवेश करके तो बढ़े हुए मार्किट का लाभ उठा नहीं सकते, पर अगर, आज से भी निवेश की आदत डालें तो भविष्य में पछताना नहीं पड़ेगा। ज़मीन का निवेश तो भारतीय पहले से करते आ रहे हैं, और आपके पास ज़मीन हो या न हो, पर उसकी महत्ता से आप भलीभांति परिचित होंगे, ऐसा मेरा विश्वास है।

'मैंने अपना पहला स्टॉक 11 वर्ष की उम्र में खरीदा था और आज भी मुझे पछतावा है कि मैंने देर से शुरुआत की।'

—वारेन बफे

इसलिए 'जब जागो तभी सवेरा' वाली कहावत को याद करते हुए आज से ही अपनी बचत के सही जगह पर निवेश का शुभारंभ कीजिये। आप शुभ लाभ तो अर्जित करेंगे ही, शुभ निवेश की आदत भी संचित करेंगे।

रिच डैड पूअर डैड जैसी लोकप्रिय किताब के लेखक रोबर्ट कियोसाकी ने लिखा है, 'आपकी वित्तीय ताकत इस बात में निहित नहीं है कि आप कितना कमाते हो। बल्कि वह इस बात से आँकी जानी चाहिए कि बिना कोई काम करे आप कितने दिन, महीने, या साल उसी जीवनशैली से जी सकते हो, जैसा कि आप अभी यानी सक्रिय रूप से कमा कर जी रहे हो।'

उपरोक्त बात तभी संभव है जब आपने न सिर्फ़ अच्छा कमाया है बल्कि सही मात्रा में बचत और सही जगह निवेश करके स्वयं को आर्थिक रूप से सुदृढ़ बनाया है। वारेन बफे, जो सबसे सम्मानित वित्तीय विशेषज्ञ हैं, वो कहते हैं कि बचत, खर्च के बाद बचे हुए पैसे की नहीं होनी चाहिए। बल्कि बचत के बाद के पैसे से खर्च चलाना चाहिए।

'अपने शरीर का ख़याल रखें, यही वह एकमात्र जगह है जहाँ आप हमेशा रहते हो।'

—जिम रोन

अब करते हैं चर्चा दूसरी प्राथमिकता, यानी स्वास्थ्य और सेहत की।

मैंने पहले ही कहा कि हम मुफ़्त के माल की कद्र नहीं करते। तो भगवान ने ये जो बिना कोई कीमत लिए, यह देह हमें दी होती है उसकी देखभाल हम करते नहीं। हमें, और खासकर पुरुषों को यह तो मालूम होता है कि उनकी कार या फिर जान से भी ज़्यादा प्रिय मोटर बाइक की सर्विसिंग कब करवानी है, और उसे सर्विसिंग पर देते हुए वो मैकेनिक को भी विस्तार से बताते हैं कि इसका ध्यान रखना और इसमें क्या-क्या ठीक करना है। पर जब बात अपने शरीर की आती है तो हम थोड़े अनमने से हो जाते हैं।

इसके पहले कि हम आगे बढ़ें मैं ज़रा उन पाठकों से वार्तालाप कर लूँ जो मुझे व्यक्तिगत रूप से जानते हैं और नाक-भौं सिकोड़ते हुए मन-ही-मन कह रहे हैं, 'दुबे जी आप तो स्वयं अपने वज़न से वर्षों से जद्दोजहद कर रहे हो, अब आप तो रहने ही दो ये ज्ञान।' तो मैं उनको याद दिलाऊँगा, 'आप तो जानते ही हैं कि मैंने सही दिशा में प्रयास शुरू कर दिए हैं।' और कहूँगा कि 'अरे भाई भूल गए कि आप ही लोगों ने मेरी उस फ़ेसबुक पोस्ट को कितना लाइक और कमेंट दिया था जिसको मैंने जनवरी 2018 को अपनी 55 किलोमीटर की साइकिल प्रतिस्पर्धा और पिछले महीने यानी दिसम्बर 2017 को 10 किलोमीटर की मैराथन सफलतापूर्वक पूरी करने के बाद पोस्ट किया था। सहसा उन्हें याद आयेगा और उनके मुँह से निकलेगा, 'हाँ वो तो है।' तो चीते से भी तेज़ गति से मैं उनकी बात को पकड़ूँगा और इस व्यक्तिगत टॉपिक से आगे बढ़ते हुए जनकल्याण की बात करूँगा।

तो आप ये तो जान गए कि यहाँ भी मैंने कुछ गलतियाँ की हैं या अपनी सेहत को नज़रअंदाज़ किया है। तो बेहतर है कि आप मेरी गलतियों से सीखें। अब मैं फिर कहूँगा कि मैं कोई सर्टीफ़ाइड फ़िटनेस एक्सपर्ट भी नहीं हूँ, और आगे जो मैं लिख रहा हूँ वो मेरी गलतियों से सीखे सबक, और कुछ अच्छी किताबें जो मैंने पढ़ी हैं उनका मिला-जुला सार है। यहाँ पर विशेष रूप से मैं रुजुता दिवेकर का नाम लूँगा। ये वही चर्चित एक्सपर्ट हैं जिन्होंने करीना कपूर के काफ़ी चर्चित 'साइज़ ज़ीरो' को यथार्थ बनाया था। इनकी एक किताब *लूज़ योर वेट डोंट लूज़ योर माइंड* को मैं अपने निकट के लोगों में प्रचारित करता रहता हूँ। और आगे जो मैं लिखूँगा, वो उस किताब से और रुजुता के फ़ेसबुक पेज से प्रेरित है।

- कसरत वैकल्पिक नहीं है, कम-से-कम 30 मिनट रोज़ करें।
- सुबह उठने के साथ ही, अगले 30 मिनट के अन्दर-अन्दर कुछ खाएँ, एक गिलास पानी पीने के बाद। यह एक केला, सेब, भीगे बादाम या गुड़ में से कुछ भी हो सकता है।
- कोशिश करें कि रात का खाना बहुत जल्दी नहीं तो 9 बजे तक समाप्त कर दें।
- नाश्ते और दोनों वक़्त के खाने के समय टी.वी. न देखें और मोबाइल का संचालन न करें।
- मेडिकल चेकअप समय-समय पर कराते रहें।
- अगर आपका वज़न सारी सीमाएँ लाँघ चुका है, तो कृपा करके मॉर्निंग वॉक को एक्सरसाइज़ का नाम न दें, और कुछ ज़्यादा जैसे साइकिलिंग या रनिंग करें।
- संभव हो (क्योंकि ये कठिन है) तो सुबह के नाश्ते के बाद दिन में 5-7 बार थोड़ा-थोड़ा करके खाएँ ताकि एक समय में बहुत ज़्यादा खाने की आदत से आप बच जायेंगे और पाचन तंत्र को भी राहत रहेगी।
- अगर बैठे रहने वाला काम भी है तो हर आधे घंटे के बाद खड़े हो जायें या थोड़ा टहल लें। जहाँ तक संभव हो, लिफ़्ट का उपयोग न करें।

मेरा यह व्यक्तिगत मानना है कि प्रकृति और प्रकृति प्रदत्त यह शरीर एक ही नियम से चलते हैं। अगर प्रकृति का ख़याल रखो तो बिना माँगे सब कुछ देती है, और नहीं रखो तो अपना रौद्र रूप दिखाती है। लेकिन रौद्र रूप दिखाने से पहले छोटे-छोटे संकेत देती है। शरीर भी बड़ी बीमारी के पहले संकेत देता है। आपकी हृदय की बीमारी पता चलने के बहुत पहले आपकी साँसें फूलना चालू हो चुकी होती हैं। यह आपको मालूम पड़ सकता है, बशर्ते, आप जागरूक हों।

शरीर का ख़याल रखना इसलिए भी ज़रूरी है क्योंकि आश्रित का जीवन बड़ा कष्टदायक होता है। हम जब स्वास्थ्य की अवहेलना करते हैं, तो हम या तो दवाइयों या फिर किसी दूसरे व्यक्ति पर आश्रित होने की राह पर कदम बढ़ाते हैं। इस बढ़ती महंगाई के चलते, दो खर्च सबसे ज़्यादा बढ़ने वाले हैं भविष्य में,

- शिक्षा पर खर्च
- स्वास्थ्य सेवाओं पर खर्च

अभी से अपने शरीर और सेहत के लिए जागरूक बनिए ताकि भविष्य में आप आश्रित न बनें। और जवानी की मेहनत की कमाई सिर्फ़ दवाओं और सर्जरी में खर्च न करनी पड़े।

हमेशा स्मरण रहे कि सेहत उस किराये के मकान के जैसी है जिसका उपयोग और उपभोग करने के लिए आपको हर महीने किराया देना पड़ता है। मतलब सेहत के लिए दिन-प्रतिदिन जागरूक रहना पड़ेगा। कई दफ़ा हम 6 महीने, साल भर बहुत जागरूक रहकर अपनी सेहत सुधारते हैं, पर जैसे ही हमारा अनुशासन बिगड़ता है, हमारी सेहत वापस बिगड़ती है। इसलिए सेहत आपसे सुचारू ध्यान और मेहनत माँगती है।

अब हम तीसरी पत्ती यानी जीवन की तीसरी प्राथमिकता की बात करते हैं।

'वसुधैव कुटुंबकम' यानी पूरा विश्व ही एक परिवार जैसा व्यापक और विस्तृत दर्शन देने वाली यह भारतीय संस्कृति, आधुनिकता के गुलाब के साथ आये एक कांटे का दंश भी झेल रही है। और वह है परिवारों का टूटना या फिर आपसी प्रेम भाव में बहुत कमी आना। गाँव हमारे कस्बे बन रहे हैं, कस्बे नगर बन रहे हैं और नगर महानगर बनने की ओर अग्रसर हो रहे हैं। ग्रामीण व्यक्ति रोज़गार के लिए कस्बों और नगर की तरफ़ आ रहा है। नगरीय व्यक्ति महानगर या देश के बाहर का रुख कर रहा है, अपना क़ैरियर बनाने के लिए। एक पत्ती (पैसा) को पोषित करने के लिए दूसरी पत्ती यानी परिवार अनदेखा हो रहा है। एक ही घर में रहने वाले माँ-बाप, अपने बच्चों की दुनिया के यथार्थ से बहुत दूर हो रहे हैं। टेक्नोलॉजी एक ओर तो भारत में रह रहे माँ-बाप की बात, अमेरिका में रह रहे अपने बेटे-बहू और पोते-पोतियों से वीडियो कॉन्फ्रेंसिंग से संभव बना रही है। वहीं दूसरी ओर वही टेक्नोलॉजी घर में रह रहे, उस बच्चे से माँ-बाप को दूर कर रही है, जो बच्चा टी.वी., इन्टरनेट और मोबाइल में अपने दिन का बहुतेरा हिस्सा व्यतीत करता है। टेलीविज़न पर आने वाले क्राइम शोज़ जो एक ज़माने की मनोहर कहानियाँ और सत्य कथा के विजुअल रूप हैं, वो दिखाते हैं कि कैसे बड़े और बच्चों में सीमित या समाप्त हो रहा यह संवाद, बहुत से अपराधों की जड़ में निहित है।

ये तो हुई समस्या। पर समाधान क्या है?

हर व्यक्ति को 'हमारे ज़माने में' वाली एक बीमारी होती है जो कम या ज़्यादा अलग-अलग मात्रा में पायी जाती है। अगर मेरा बचपन 80 के दशक में बीता तो मेरे सुख और दुख उस बच्चे जैसे तो बिलकुल नहीं रहे होंगे जो आज यानी नई सहस्त्राब्दी के दूसरे दशक में बड़ा हो रहा है। मेरे आस-पास का समाज भी अब वैसा नहीं रहा। मोबाइल और इन्टरनेट से मुक्त, वो बचपन मुझे बहुत प्रिय है, पर वो मेरे बच्चों का यथार्थ नहीं है। एक समय था जब 20-25 साल में एक पीढ़ी बदलती थी। आज जिस तेज़ गति से समाज बदल रहा है, उसमें एक-दूसरे से 5 साल छोटे-बड़े भाई-बहनों की सोच प्रक्रिया में ही बहुत अंतर आ जाता है। तो जो आधुनिकता, नए-नए आविष्कारों से हमारे जीवन को सरल और सुगम बनाती है, वही आधुनिकता, हमारे संबंधों के लिए नए-नए समीकरण भी तैयार करती है।

आज हम अपने बच्चों से वैसा व्यवहार शब्दशः नहीं कर सकते जो हमारे माता-पिता हमसे करते थे। हम भी अपने बच्चों से, शब्दशः वैसे व्यवहार की अपेक्षा न ही करें जो हम अपने माता-पिता से करते थे। हम दिवाली में एक जोड़ी नया कपड़ा मिलने से ही खुश हो जाते थे, जो शहर के उसी कपड़ा मार्किट की उसी दुकान से हम हर साल खरीद कर लाते थे, जहाँ हमारे पिताजी को दुकानदार पहचानते हुए अभिवादन करता था और माता जी को यह कहने की छूट थी कि 'भैया कुछ तो कम करो हम आपके पुराने ग्राहक हैं।' और वो एक जोड़ी नये कपड़े हम साल भर हर शादी और जन्मदिन की पार्टी में बड़े इतराते हुए पहनते थे, खुशी खुशी। आज देसी-विदेशी ब्रांड्स की चकाचौंध में खोए हमारे बच्चों की खुशी उतनी सस्ती और स्थायी नहीं रही जैसी मेरी और आपकी थी। आज जिसे वह कूल कहता है, कुछ महीने बाद उसी को वह डाउन मार्किट कहेगा। हर व्यक्ति अपने समय की उपज भी होता है, यह ध्यान में रख कर ही हमें अपने बच्चों से व्यवहार करना है। यही बात जीवनसाथी पर भी लागू होती है। खासकर पुरुषों के लिए, क्योंकि विगत के दशकों में, महिलाओं की दशा, दिशा और सोच पुरुषों के मुकाबले ज़्यादा बदली है। आपकी पत्नी या प्रेमिका में अपनी माँ ढूँढ़ना, भावनात्मक स्तर पर तो ठीक है, लेकिन व्यावहारिकता के धरातल पर यह सोचना कि 21वीं सदी

की ज़्यादा पढ़ी-लिखी और वित्तीय रूप से स्वतंत्र महिला आपकी हर बात पर वैसा ही रिएक्ट करेगी जैसा आपकी पिता की ऐसी ही बात पर आपकी माँ करती थी, तो यहाँ आप गलती कर रहे हो।

- परिवार में संवाद कायम रहे यह हमारी प्राथमिकता होनी चाहिए।
- हर सदस्य एक-दूसरे के लिए समय निकाले।
- हर सदस्य को अपनी बात बेझिझक कहने की आज़ादी हो।
- अगर बच्चे आपसे बात छुपाने लग जायें तो ये समझिये कि आप बच्चों का विश्वास जीतने में असफल रहे।
- समय के साथ सोच बदलनी बहुत ज़रूरी है।
- चोरी करना पाप है, सत्यमेव जयते जैसी नैतिकता तो शाश्वत है, वो कभी नहीं बदलेगी, लेकिन बहुत सी बातें समय के साथ बदलती हैं, और हमें उन्हें उसी परिप्रेक्ष्य में लेना चाहिए। मध्ययुगीन मानसिकता से तो औरतों का परदे से बाहर आना भी अनैतिक था। लेकिन आज ऐसा नहीं है।

1994 में एक फ़िल्म आई थी 'हम आपके हैं कौन' इसके निर्माता राजश्री वालों ने जब आलोचकों को यह फ़िल्म दिखाई तो उन्होंने इसे एक 'शादी का वीडियो' कह कर सिरे से खारिज कर दिया। लेकिन असली जनार्दन तो जनता है, उसने इस फ़िल्म को सिर पर बैठा लिया और यह फ़िल्म ऐसी चली कि अगले 5-7 साल तक पारिवारिक फ़िल्मों और परिवार को प्रथम मानने वाली फ़िल्मों का फ़ैशन बॉलीवुड में चल निकला। लेकिन फ़ैशन और ट्रेंड कैसा भी हो एक दिन बदलता है, सो बदल गया। लेकिन रील लाइफ़ के परे रियल लाइफ़ में, परिवार को प्रथम मानना एक फ़ैशन नहीं, बल्कि एक व्यक्तिगत और सामाजिक सच्चाई है, जिससे हमें मुँह नहीं मोड़ना चाहिए, अन्यथा घाटा हमारा ही होगा।

कंप्यूटर जी कृपया इस लाइन को लॉक किया जाये—

> *'अपने जीवन की तीन पत्तियों में संतुलन और समन्वय रखिये तो जीवन रूपी आपका गुलदस्ता बिना किसी गुलाब के भी हमेशा महकता रहेगा।'*

चीनी कम

अमिताभ बच्चन की सफल दूसरी पारी की एक सफल और सार्थक फ़िल्म का नाम है 'चीनी कम'। सन् 2007 में आई यह फ़िल्म आम बॉलीवुडिया फ़िल्मों से हट कर थी। इस फ़िल्म की कथावस्तु में अमिताभ बच्चन का 64 वर्षीय किरदार, जिसे पाक कला में और पकवानों में इतनी रुचि है कि उसको पत्नी की कमी कभी महसूस ही नहीं हुई। और यह अविवाहित, जो कि एक खानसामा है, लन्दन में अपना खुद का एक रेस्तराँ चलाता है। लेकिन विवाह के ये विचार उसके तभी तक रहते हैं, जब तक तब्बू का किरदार एक दिन खाने के लिए उसके रेस्तराँ नहीं पहुँचता। अब 64 वर्षीय इंसान, एक 34 वर्षीय अविवाहित लड़की के प्यार में पड़ने के बाद, विवाह करने के लिए अपने होने वाले ससुर (परेश रावल) से मिलता है जो अपने भावी दामाद से भी उम्र में छोटा है। किस उम्र के लिए क्या सही है और क्या किस उम्र के लिए सही नहीं है? ऐसे बहुत से सवाल करती और बहुत से पूर्वाग्रहों पर वार करती यह एक कॉमेडी से भरपूर फ़िल्म है जो दर्शकों को गुदगुदाती तो है साथ ही यह भी सोचने को कहती है कि 'उम्र बाधक है, उम्र साधक है या फिर उम्र महज़ एक संख्या है।'

और इसलिए यह नाम इस अध्याय का शीर्षक बनने के लिए सबसे उपयुक्त है, क्योंकि इस अध्याय का सन्देश यही है कि उम्र को किसी भी कार्य को न करने का कोई बहाना नहीं बनाना चाहिए। शरीर को वृद्ध होने से तो हम प्रकृति के नियम के चलते रोक नहीं सकते लेकिन दिल को बूढ़ा नहीं होने देना चाहिए। अब आप यह न संमझें कि इस अध्याय में मैं आपको पहले तो 64 वर्ष तक अविवाहित रह कर, फिर किसी 34 वर्षीय महिला से

प्रेम और विवाह करने की, एक लीक से हट कर सलाह दूँगा। लेकिन जैसा कि मैंने कहा कि ये दिल को बूढ़ा न होने देने की कवायद का एक रूपक है। फ़िल्म 'इश्किया' के लिए लिखी, गुलज़ार साहब की ये पंक्तियाँ हम आगे बढ़ने के पहले ज़रा दोहराते हैं—

> 'उम्र कब की बरस कर सुफ़ैद हो गयी
> कारी बदरी जवानी की छँटती नहीं
> दिल तो बच्चा है जी'

तो इस अध्याय का आशय यह है कि शरीर भले वृद्ध हो जाये पर दिमाग और सोच कभी बूढ़ी नहीं होनी चाहिए। 'चीनी कम' में मुझे एक रूपक भी दिखता है। जब हमारी उम्र बढ़ती है, या कुछ नए ज़माने की बीमारी जिसे हम जीवनशैली के रोग मानते हैं—क्योंकि वो आधुनिक जीवनशैली की देन हैं—हमें घेरती है, तो डॉक्टर हमें अपने चीनी के उपयोग को कम करने को कहता है। मीठा कम खाने और चाय में भी चीनी कम करने की सलाह देता है। इसलिए इस अध्याय में हम यह देखेंगे कि हमारी चाय और भोजन में चीनी भले हम कम कर लें लेकिन हमारे दिल की, हमारी कोशिशों की, हमारी जिजीविषा की मिठास और उसकी चीनी, उम्र के साथ कम नहीं होनी चाहिए।

चलो, मैं अपने सबसे पसंदीदा काम पर लौटूँ : हाँ हाँ! वही! उम्मीद और उदाहरण देने का। तो खाने से जुड़ी चर्चा को आगे भी खाने के साथ ही आगे बढ़ाएँगे।

और यह उदाहरण समर्पित है, मेरी सभी भूतपूर्व कंपनियों के सभी भूतपूर्व सीनियर्स और मैनेजर्स को। जब हमारी मंथली रिव्यू मीटिंग्स होती थीं और वो पूछते थे, 'चल बता इस महीने का टारगेट कैसे पूरा करेगा? और मैं (जिसके अन्दर एक लेखक सुप्तावस्था में था) एक लम्बी भूमिका बाँधकर बात कहना शुरू ही करता था कि वो लोग मुझे टोकते हुए कहते, 'यार, कहानी मत सुना रुपेश, पॉइंट बाई पॉइंट बता, टारगेट कैसे पूरा होगा?' तो इस बार हम पॉइंट बाई पॉइंट आगे बढ़ेंगे।

1890 : अमेरिका में मेरा जन्म हुआ।

1895 : मैं 5 वर्ष का हूँ और एक फ़ार्म में काम करने वाले मेरे पिता की मृत्यु हो जाती है। घर चलाने के लिए माँ काम पर जाना शुरू करती है।

मैं घर के छोटे बच्चों के लिए कुछ खाद्य पदार्थ ब्रेड से बनाना शुरू करता हूँ जो पाक कला से मेरा प्रथम परिचय है।

1900 : मैंने भी एक फ़ार्म मज़दूर के रूप में काम करना शुरू कर दिया है।

1902 : माँ ने दूसरी शादी कर ली है। और जैसे कि हिन्दी फ़िल्मों में होता (और जो मैंने कभी देखी नहीं) है, सौतेले पिता से मेरा रिश्ता सौतेला ही रहा।

1903 : स्कूल छोड़ने के साथ-साथ मैंने घर भी छोड़ दिया है।

1903-1920 : मैंने क्या किया? ये बताना आसान होता कि मैंने क्या नहीं किया। मैंने खेत में काम किया। कंडक्टर का काम किया। रेलवे के बहुत से निचली श्रेणी के काम किये जैसे रेल का रंग रोगन, लोहार की मदद, फ़ायरमैन इत्यादि। फिर इन्शुरेन्स कम्पनी का सेल्समैन बना।

1920 : ऑहियो नदी में एक नाव का संचालन करने वाली कम्पनी की नींव रखी।

1923 : इस कम्पनी की सफलता ने मुझे एक लैंप उत्पादन कम्पनी खोलने का साहस और सामर्थ्य दिया।

1924 : उपरोक्त फ़ैक्ट्री घाटे में बंद करनी पड़ी और मैं टायर कम्पनी का सेल्समैन बन गया।

1924-1930 : टायर कम्पनी का प्लांट बंद हुआ तो स्टैण्डर्ड ऑयल कम्पनी के एक पंप स्टेशन का संचालन करने का अवसर मिला। यह स्टेशन अमरीका के केन्टकी प्रदेश में था।

1930 : स्टैण्डर्ड ऑयल कम्पनी, तत्कालीन अर्थव्यवस्था में आये पतन जिसे 'ग्रेट डिप्रेशन' भी कहा जाता है, को झेल नहीं पायी, बंद हो गयी। तो मुझे शैल ऑयल कम्पनी का स्टेशन चलाने का प्रस्ताव मिला। पर यहाँ मैंने अपनी पाक कला को भी साथ में जोड़ा। अपने बनाये पकवान, खासतौर पर 'चिकन' को, शुरू में मैं पेट्रोल पंप से जुड़े अपने क्वार्टर में परोसता था और बाद में खुद का रेस्तराँ डाल लिया।

1935 : मेरी स्थानीय लोकप्रियता बढ़ने लगी, और केन्टकी के राज्यपाल ने मुझे 'कर्नल' की उपाधि प्रदान की, यह अमेरिका के केन्टकी राज्य का

राज्यपाल केन्टकी वासियों को विभिन्न क्षेत्रों में उनके योगदान के लिए दे सकता है। इस उपाधि को मैंने अपनी पहचान का हिस्सा बना लिया।

1939 : पाक कला के विशेषज्ञ मेरे बारे में राष्ट्रीय अखबारों में चर्चा करने लगे।

1939 : मैंने मोटेल व्यवसाय चालू किया। मोटेल, होटल का छोटा रूप होते हैं।

1939 : अग्नि दुर्घटना में मेरा मोटेल जल कर राख हो गया। उसे मैंने पुनः निर्मित किया।

1940 : 'चिकन' की मेरी खास रेसिपी मैंने अंततः विकसित कर ली। प्रेशर की तकनीक से बनने वाला यह चिकन, पैन फ्राय पद्धति से बनने वाले चिकन से कम समय में बनता था।

1941 : अमेरिका का द्वितीय विश्व युद्ध में प्रवेश, ऑयल और गैस में सरकारी राशन का नियम लागू हुआ। आने वाले ग्राहक और टूरिस्ट घट गए।

1942 : व्यवसाय बंद करना पड़ा और मुझे सब छोड़ के 51 वर्ष की उम्र में सुपरवाइज़र की नौकरी के लिए सीएटल शहर का रुख करना पड़ा।

1942–1952 : मैंने सरकारी कै़फ़ेटेरिया में काम करने के साथ-साथ कैफ़ेटेरिया के मैनेजर का भी कार्य किया।

1952 : मैंने अपनी 'चिकन' की विशेष और गुप्त रेसिपी का पेटेंट करा लिया। उसे एक उटाह के रेस्तराँ को फ्रैंचाइज़ किया। मेरे चिकन की वजह से, उस रेस्तराँ की बिक्री तीन गुना बढ़ गयी। रेस्तराँ मालिक ने पेंटर को कहा कि इस चिकन के प्रचार-प्रसार के लिए एक साइन बोर्ड बनाओ। उसने बोर्ड में इस व्यंजन को, उसकी जड़ें 'केन्टकी' राज्य से होने के कारण, 'केन्टकी फ्रायड चिकन' जो के.एफ.सी. के नाम से मशहूर है, का नाम दे डाला। हर चिकन की बिक्री में मुझे 0.04 डॉलर मिलने लग गए।

1959 : एक शहर में, मुझे लगा कि मेरी खास रेसिपी के लिए बाज़ार ज़रा सीमित है। तो मैंने अपनी पत्नी के साथ एक कार में पूरे अमेरिका का दौरा करके अपनी खास रेसिपी के लिए फ्रैंचाइज़ी बनाना शुरू कर दिया। बहुत बार मैं अपनी कार में ही सोता था। इस समय मेरी उम्र ज़्यादा नहीं बस 69 वर्ष की थी। मेहनत रंग लायी, जैसे हमेशा ही लाती है। लोग मुझे खोजते

हुए मेरे ऑफ़िस आने लग गए फ्रैंचाइज़ी लेने के लिए।

1964 : जब मेरा बहुत बढ़ा हुआ व्यवसाय मेरी पकी उम्र के लिए सँभालना मुश्किल हुआ, तो 74 वर्ष की उम्र में, मैंने तत्कालीन मूल्य के 2 मिलियन डॉलर में कम्पनी बेच दी।

1964 के उपरांत : मेरा व्यक्तित्व मेरे उत्पाद से इतना जुड़ा हुआ था कि उसके बाद भी मेरे केन्टकी फ्रायड चिकन की खरीददार कम्पनी ने मेरे चेहरे और व्यक्तित्व का उपयोग विज्ञापनों में करना जारी रखा और कम्पनी के प्रचार-प्रसार के लिए 74 वर्ष की उम्र के बाद भी मैं सालाना दो लाख मील की यात्राएँ करता रहा।

1980 : 90 वर्ष की पकी उम्र में मैं दुनिया से चला गया। तब ज़्यादा नहीं विश्व के 48 देशों में के.एफ.सी के 6000 आउटलेट थे।

मेरा नाम है कर्नल हरलांड डेविड सैंडर्स। ये मेरी कहानी थी।

मैं इस व्यक्ति की जीवन यात्रा लिखते-लिखते थोड़ा थक गया, मालूम नहीं पढ़ते-पढ़ते आपका क्या हाल हुआ होगा! लेकिन इस व्यक्ति की जिजीविषा को प्रणाम, जो बिना रुके, बिना थके, अपना काम करते हुए आगे बढ़ा। जीवन में आये तमाम अल्पविरामों को इसने कभी पूर्णविराम नहीं माना। हम एक इंटरव्यू में फ़ेल होकर निराश हो जाते हैं, एक व्यवसाय के न चलने से ये सोच लेते हैं कि हमें शायद व्यवसाय करना ही नहीं आता। और 40 के पार जाते ही, मानसिक रूप से अपने को बूढ़ा मानने की जो प्रक्रिया चालू होती है, वह 58 की उम्र तक आते-आते चरम पर आ जाती है। एक शासकीय सेवक या कोई भी नौकरीपेशा, जब सेवानिवृत्त होता है तो वो सोचता है कि अब वो किसी काम का नहीं रहा, क्योंकि वो अब बूढ़ा हो गया है। यहीं पर व्यक्ति गलती कर जाता है। तो आप कभी भी, किसी के.एफ.सी. के आउटलेट में खाना खाने जायें तो उस कम्पनी के लोगो में जो बूढ़ा व्यक्ति मुस्कुराते हुए आपका स्वागत करेगा वो ही कर्नल सैंडर्स हैं।

प्रसिद्ध लेखक मार्क ट्वेन ने उम्र के बारे में बड़ी रोचक बात कही थी। चूँकि अनुवाद में कभी-कभी बात का असली मर्म गुम हो जाता है तो मैं उनके दो अंग्रेज़ी शब्दों को रखते हुए ही उनके वाक्य का अनुवाद करता हूँ।

'उम्र, माइंड और मैटर का खेल है। अगर आप माइंड नहीं करते तो उम्र मैटर नहीं करती।'

तो ऐसा क्या था कर्नल में, जो अक्सर, लोगों में नहीं होता। एक अमेरिकी होने के बावजूद उन्हें श्रीकृष्ण की *गीता* बिना पढ़े-सुने ही आत्मसात् थी। *गीता* के सर्वाधिक प्रचलित दो वाक्य हैं—

- कर्म कर फल की चिन्ता मत कर।
- परिवर्तन संसार का नियम है।

कर्नल, बिना यह सोचे कि काम कितना बड़ा या छोटा है, अपना कार्य करते रहे। जीवन और दुनियादारी का अनुभव हासिल करते रहे। उनकी कहानी से आपको ज्ञात होगा कि उनको असली सफलता 40 वर्ष के बाद मिली। अपना सबसे महत्त्वपूर्ण पेटेंट उन्होंने 62 की उम्र में करवाया और 69 की उम्र में पूरे अमेरिका का दौरा करके अपनी रेसिपी के लिए बाज़ार तैयार किया। और ज़्यादातर लोग तो 40 के बाद ही सोचने लग जाते हैं कि उन्होंने कुछ हासिल नहीं किया और उनका जीवन व्यर्थ है।

दूसरे, अपने जीवन में लगातार आते परिवर्तनों को, उन्होंने समरसता से लिया। वो चाहे 5 बरस की उम्र में उनके पिता का देहांत हो, उनका नौकरी में स्थायी न हो पाना हो, उनके मोटल का जल जाना हो, उनके सफल होते व्यवसाय का अचानक कभी 'ग्रेट डिप्रेशन' या विश्व युद्ध की बलि चढ़ जाना हो। वो हर बार, बिना निराश हुए, आगे बढ़ते रहे। इसलिए 62 वर्ष की उम्र में ही सही सफलता और भाग्य दोनों को उनका साथ देना ही पड़ा।

और यही खासियत होती है दिल से जवान लोगों की। वो अपने अतीत की जुगाली तो समय-समय पर करते हैं, पर अपने अतीत में ही नहीं रहते। वो नित नए दौर को उसकी पूरी नवीनता के साथ आत्मसात् करते हैं। हम सब लोगों को अपना बचपन, हमारा सबसे अच्छा समय लगता है, हमारे पिताजी को उनका ज़माना और हमारे दादाजी को उनका ज़माना अच्छा लगता था। लेकिन हमें उस दौर में जड़वत नहीं रहना है। बदलते समय का स्वागत और सम्मान करना है। ओल्ड जो है, वो गोल्ड हो सकता है, लेकिन प्रेज़ेंट भी एक्सीलेंट होता है। हर सिक्के के दो पहलू होते हैं। नया ज़माना, नई तकनीक, हमें अगर पड़ोसी से दूर कर रही है तो कब के बिछड़े और देश-विदेश में बसे स्कूल के दोस्तों से, और कभी ज़ाहिर न कर पाए हुए पहले प्यार के साथ, फ़ेसबुक सरीखे माध्यमों से पुनः परिचय भी करवा रही है।

अक्सर जो वृद्ध, नित नए तकनीकी विकास को आत्मसात् कर रहे हैं, वो ही हँसी-खुशी का जीवन बिता पा रहे हैं, अन्यथा अधिकतर तो लोकप्रिय टीवी सीरियल 'तारक मेहता का उल्टा चश्मा' के एक किरदार 'भिड़े' के जैसे यही सोचते रहते हैं कि 'हमारे ज़माने में...।'

और ऐसा नहीं है कि ज़्यादा उम्र ही समस्या है। कभी-कभी हम छोटी उम्र के लोगों को उनकी कम उम्र का हवाला देते हुए हतोत्साहित करते हैं। हम अभिनेता राजकुमार के स्टाइल में यह कह देते हैं कि—'जानी!! ये बच्चों के खेलने की चीज़ नहीं!!'

अगर ऐसा ही सचिन तेंदुलकर के साथ होता, तो उनकी प्रतिभा अन्तरराष्ट्रीय क्रिकेट में पदार्पण की राह देखते-देखते ही कुंद पड़ जाती। और प्राचीनकाल में बिना विजयश्री को वरण किये, सिर्फ़ अपने शौर्य से अर्जुन पुत्र अभिमन्यु ने, 16 वर्ष की उम्र में वीरगति को प्राप्त होकर ही भारतीय इतिहास में अपना नाम अमर करवा लिया है।

लेकिन ऐसा नहीं है कि सिर्फ़ विश्व प्रसिद्ध लोग ही हमारी प्रेरणा बने। देखने की नज़र हो तो हमारे आस-पास ही बहुत से ऐसे उदाहरण मिल जायेंगे जो बहुत प्रेरणा देते हैं। कहानी कहने के, नितांत अमर चित्र कथा नुमा अन्दाज़ में मैं यह नहीं कहूँगा कि, 'बहुत समय पहले की बात है' क्योंकि यह बात पिछले साल की ही है। मध्य भारत में दो भाई रहते हैं। एक का नाम डॉ. हनुमान प्रसाद है और दूसरे का नाम डॉ. कृष्ण कुमार है। पहले की उम्र महज़ 77 वर्ष की है और दूसरे की ज़्यादा नहीं बस 75 वर्ष। दोनों को अपनी जड़ों को लेकर बहुत जिज्ञासा थी। कारण यह था कि उन्हें ज्ञात था कि उनके दादा इलाहाबाद के आस-पास के किसी गाँव से मध्य भारत में आये लेकिन कुछ कारणों से, उनके पैतृक गाँव की कोई जानकारी वर्तमान परिवार में उपलब्ध नहीं थी। उनके पास सिर्फ़ एक ही सहारा, उस गाँव का नाम था, जो पारिवारिक किंवदंती में लिया जाता था। गाँव का नाम था 'अमलकोनी', और उसकी इलाहाबाद से निकटता ही, एकमात्र सूचक थी उसकी दिशा की। परिवार के युवा सदस्यों ने अपनी आदत के अनुसार गूगल चाचा से पूछकर देखा। इस बार गूगल चाचा ने निराश कर दिया। घर के युवा सदस्यों ने अपने कर्तव्यों की इतिश्री कर ली। लेकिन दोनों शरीर से वृद्ध लेकिन दिल से जवान सदस्यों

ने हार नहीं मानी। क्योंकि शायद वो अपने लक्ष्य के प्रति जुनूनी थे। इसके बाद जो इन दोनों भाइयों ने किया उसे जानकर अच्छे-अच्छे युवा सेल्समैन और कार्पोरेट एग्ज़ीक्यूटिव भी शरमा जायेंगे।

जिन्होंने भी सेल्स में काम किया है, वो ये जानते हैं कि एक दौर आता है बीच-बीच में जब अपने जूनियर को चमकाने से, डिस्ट्रीब्यूटर को लतियाने से और रिटेलर को पटियाने से माल नहीं बिकता। उस वक़्त अपने ऑफ़िस के ए.सी. की ठंडक और अपने ऊँचे ओहदे पर होने की गर्माहट को छोड़ कर बाज़ार में उतरना पड़ता है। गली-गली, दुकान-दुकान भटक कर बाज़ार की नब्ज़ और समस्या की जड़ में पहुँच कर ही माल बेच पाते हैं।

तो 70 पार के इन युवाओं ने भी यही निर्णय किया कि घर पर बैठ कर गूगल-गूगल खेलने से कुछ नहीं होगा। गली-गली घूमना होगा। और उन्होंने सिर्फ़ जोश में आकर हार्ड वर्क नहीं किया, बल्कि एक स्मार्ट वर्क किया। अपने अनुभव से, उन्हें यह तो मालूम था कि शहर में पेट्रोल पंप, ऑफ़िस और बिल्डिंगों में जो सुरक्षा गार्ड पदस्थ हैं वो ज़्यादातर उस भूभाग के हैं जो रीवा (म.प्र) और इलाहाबाद (यू.पी) के बीच का है। तो उन्होंने ऐसे गार्डों का साक्षात्कार लेना शुरू किया। तीन वर्षों की अथक मेहनत, कई सौ लोगों से पूछताछ और कड़ी से कड़ी जोड़ने के बाद, अंततः, वो अपने गाँव 'अमलकोनी' का सही पता जान पाए। जनवरी 2017 में वो अपने पुश्तैनी गाँव पहुँचे जो वर्तमान मध्य प्रदेश और उत्तर प्रदेश की सीमा पर तमस नदी—जिसे शायद टमस भी कहा जाता है—के निकट, वर्तमान के रीवा ज़िले में स्थित है।

वहाँ पर उन्हें उनके एक भाई भी मिले जिन्होंने दिल खोल कर उनका स्वागत किया।

अब आप ये सोचेंगे कि जो कहानी गूगल में नहीं, वो मुझे कैसे ज्ञात है। सत्य यह है कि दोनों भाइयों के पूरे नाम डॉ. हनुमान प्रसाद दुबे और डॉ. कृष्ण कुमार दुबे हैं। आप दोनों मेरे बड़े पिताजी, ताऊजी या अंग्रेज़ी में कहें तो अंकल हैं।

अतीत में हुआ कुछ यूँ था कि 1858 में तमस नदी में आयी भीषण बाढ़ ने सब कुछ लील लिया था और मेरे परदादा श्री हरभजन प्रसाद दुबे को पलायन के लिए मजबूर कर दिया था।

मेरी इस पारिवारिक कहानी से मैंने तो ये सीखा कि आप जवान हों या न हों लेकिन अगर आपकी सोच और हौसले जवान हैं, और आप अपने लक्ष्य के प्रति समर्पित हैं, तो आप कोई भी लक्ष्य हासिल कर सकते हैं।

तो आपकी उम्र क्या है? या यूँ कहें कि आपकी सोच और हौसले की उम्र क्या है?

तकनीक को अक्सर युवाओं से जोड़ा जाता है। लेकिन 67 वर्षीय प्रधानमंत्री श्री मोदी के कट्टर आलोचक भी, यह कहेंगे कि सोशल मीडिया का जितना समग्र और सफल उपयोग उन्होंने किया हैं, उतना उनसे 20–30 साल छोटे विपक्षी नेता नहीं कर पाए।

और इस किताब के आधार, अमिताभ बच्चन, खुद 75 पार की उम्र में जितने सक्रिय हैं वो प्रेरणादायी है। उनके ज़्यादातर समकालीन, अगर जीवित हैं, तो वो बहुत पहले रिटायर हो चुके हैं।

कंप्यूटर जी कृपया इस लाइन को लॉक किया जाये—

'उम्र के साथ आपकी चाय में चीनी भले कम हो जाये पर अपनी सोच या हौसले की चीनी को कभी न कम करें।'

ए.बी.सी. से के.बी.सी. तक

सन् 2000, जिस किसी ने भी उसका स्वागत किया है, उसने सोचा था कि वो एक इतिहास का साक्षी है, क्योंकि नई सहस्त्राब्दी का आगमन रोज़-रोज़ नहीं होता। लेकिन मुंबई में एक व्यक्ति उसी वक़्त शायद अपने सबसे बुरे वित्तीय दौर से गुज़र रहा था। भूतकाल में उस व्यक्ति ने 'न भूतो न भविष्यति' वाली सफलता को भोगा था। सुख, सम्मान, संपत्ति, धन, ऐश्वर्य, प्रशंसा, प्रशंसक सब उसके इर्द-गिर्द हुआ करते थे। एक समय उसकी प्रतिभा का तेज ऐसा था कि दूर-दूर तक उसका कोई प्रतिद्वंद्वी उसके आगे-पीछे खड़ा नहीं हो पाता था। उसकी प्रतिभा थी अभिनय। उम्र के तकाजे के चलते उसने अभिनय से अल्पविराम लिया। अपनी प्रतिभा के दम पर कमाई अपनी अकूत संपत्ति को व्यवसाय में निवेश करने का निर्णय किया।

अपनी कम्पनी में, पढ़े-लिखे और कागज़ पर काबिल लोगों की फ़ौज खड़ी करके, उस व्यक्ति ने सोचा कि हर कोई उसके जैसी कर्तव्यनिष्ठा से अपना-अपना काम करेगा। वेतनभोगी, कागज़ पर काबिल और ऊँचे वेतन के कर्मचारियों ने एक काम ज़रूर पूरी कर्तव्यनिष्ठा से किया। वो कार्य था अपना-अपना वेतन लेने का। इस व्यक्ति के खून में कला थी, शायद व्यवसाय नहीं था। कम्पनी बहुत बड़े घाटे में चली गयी। ज्यादा नहीं, करीब 100 करोड़ के। और वो 100 करोड़ आज के मूल्य के नहीं, बल्कि 1997-1998 के मूल्य के थे।

उस व्यक्ति के कुछ शुभचिन्तकों ने सलाह दी, 'खुद को दिवालिया घोषित कर दो।' दिक्कत यह थी कि उस व्यक्ति के माता-पिता ने उसको

शिक्षा के साथ कुछ संस्कार और मूल्य भी दिए थे। और वो व्यक्ति तेज़ी से विलुप्त होती हुई उस प्रजाति का था जो 'प्राण जाये पर वचन न जाये' का पालन करती है।

'निवेशकों ने मेरे नाम पर पैसा लगाया है, मैं दिवालिया घोषित करके मुसीबत से पल्ला नहीं झाड़ सकता।' इससे मिलता-जुलता कुछ उस व्यक्ति ने कहा होगा। बात सही थी, उस व्यक्ति का नाम, सिर्फ़ नाम नहीं बल्कि एक 'ब्रांड' था। लेकिन रास्ता क्या था? उसका घर जो मुंबई में लोगों के लिए एक लैंडमार्क का काम करता था, उस घर में बैंकवालों ने कुर्की का नोटिस चिपका दिया था। नैतिकता तो ठीक है लेकिन निवेशकों का कर्ज़ा कैसे लौटाए? कुछ ऐसे ही प्रश्न उस व्यक्ति के मन में उमड़-घुमड़ रहे थे। जब पूरी दुनिया नए मिल्लेनियम के आगमन का उत्सव मना रही थी। नया साल और नई सहस्राब्दी बहुतों के लिए नई संभावनाएँ लेकर आ रही थी और वहीं यह व्यक्ति निराशा और अवसाद के बीच झूल रहा था।

उसे कोई निर्णय बहुत जल्द लेना था और उसने वह निर्णय लिया। किस्मत और वक़्त की सजाई बाज़ी में वह खेल हारने की स्थिति में था। अब उसको अपना तुरुप का पत्ता खेलना ही था। वह तुरुप का पत्ता था उसकी प्रतिभा। उसकी अभिनय की प्रतिभा। एक सुबह वो अपने घर से चला और अपने पुराने मित्र, एक बड़े निर्माता-निर्देशक का दरवाज़ा खटखटाया। निर्देशक से मिलने पर इस 58 वर्षीय अभिनेता ने कहा, 'मुझे काम चाहिए।' निर्देशक ने हाँ कहा। यह अभिनेता कोई और नहीं बल्कि इस किताब के आधार और प्रेरणा, अमिताभ बच्चन थे। वो निर्माता-निर्देशक, यश चोपड़ा थे। जो काम अंतत: बच्चन जी को मिला वो फ़िल्म 'मोहब्बतें' के नारायण शंकर का किरदार था।

इसी दौर में बच्चन जी को एक टी.वी. गेम शो करने का प्रस्ताव मिला। उनके शुभचिन्तकों ने फिर सलाह दी कि 'टी.वी. का पर्दा आपके कद के अनुरूप बहुत छोटा है, ऐसा करना सही नहीं होगा, ऐसा लगेगा कि आप अपने कदम पीछे ले रहे हो।' अमिताभ बच्चन ने बात नहीं मानी। उन्होंने उस गेम शो को किया। उस गेम शो का नाम था, 'कौन बनेगा करोड़पति।' यह शो एक ब्रिटिश गेम शो पर आधारित था। इस शो ने अमिताभ बच्चन की लोकप्रियता में चार चाँद लगा दिए। पुरानी पीढ़ी जो उनकी मुरीद रही थी, उस पीढ़ी की

उनके प्रति चाहत को एक नई गर्मी मिल गयी। नई पीढ़ी जो उन्हें पहचानती तो थी वो उन्हें चाहने भी लग गयी। अंग्रेज़ी और हिन्दी पर समान रूप से पकड़, दिल को भेदती हुई वो प्रसिद्ध आवाज़, छोटे-से-छोटे शहर और कस्बे से आये गरीब-से-गरीब व्यक्ति से आत्मीयता भरा व्यवहार। इन सबने मिलकर अमिताभ बच्चन नामक किंवदंती में बहुत से अमिट अध्याय जोड़ दिए। इस गेम शो ने अमिताभ बच्चन की जनप्रियता को एक नया आयाम दिया। इस शो की सफलता से प्रेरित होकर बहुत से दूसरे चैनलों ने दूसरे स्टार्स के साथ इस शो की सफलता को दोहराना चाहा पर वो के.बी.सी. के आस-पास भी नहीं पहुँच पाए। ये तमाम शोज़ एक-दो सीज़न के बाद टी.वी. इतिहास के गर्त में समा गए। 2018 में भी, के.बी.सी. अपने 10वें सीज़न में टी.आर.पी. के नित नए इतिहास रच रहा था।

वह कम्पनी जिसमें श्री बच्चन को करोड़ों का घाटा हुआ था उसका बहुत सही नाम था 'अमिताभ बच्चन कारपोरेशन लिमिटेड' उर्फ ए.बी.सी.एल. उर्फ ए.बी.सी. लिमिटेड। लेकिन उस कम्पनी से हासिल परिणाम सही नहीं था। और उस हादसे के बाद अमिताभ बच्चन को अपने वित्तीय जीवन की ए.बी.सी. पुनः प्रारंभ करनी पड़ गयी। अपनी इस वित्तीय मृत्यु से जैसे वो बाहर आये थे वैसे ही सन् 82 में वह अपनी चिकित्सीय मृत्यु के पंजों से भी बाहर आये थे। उनके जीवन की उस घटना की चर्चा हम किसी अगले अध्याय में करेंगे।

रही उनके वित्तीय संकट की बात, तो 80 के दशक में जब मैं बड़ा हो रहा था, तो किसी पत्रिका में मैंने पढ़ा था कि 'अमिताभ बच्चन ने इतनी संपत्ति अर्जित कर ली है कि उनकी सात पुश्तें बैठ कर खा सकती हैं।' पत्रिका का नाम और सटीक वाक्य तो याद नहीं, पर सार यही था। लेकिन हमने पिछले एक अध्याय में भी चर्चा की है कि असफलता और सफलता दोनों कभी स्थायी नहीं होतीं। जीवन का चक्र चलायमान है। बच्चन जी अपने और हम सबके प्रिय बाबूजी, यानी कवि श्री हरिवंशराय बच्चन की ये बातें दोहराते नहीं थकते जो एक पिता ने अपने पुत्र के उत्साहवर्धन के लिए उनको कही थीं। पहली—'जब तक जीवन है तब तक संघर्ष है।' दूसरी—'मन का हो तो अच्छा, मन का न हो तो और भी अच्छा।'

क्योंकि जो आपके मन का नहीं होता वो भगवान की इच्छा होती है।

कभी-कभी, वह दैवीय इच्छा, निकटगामी नज़रिए से आपके मनमाफ़िक न लगे, पर आपको दूरगामी परिणाम अच्छे ही देती है।

और शायद बाबू जी की शिक्षा का ही परिणाम था कि तमाम असफलताओं के बाद भी अपने किसी भी दुख या संघर्ष को अमिताभ बच्चन ने अपने जीवन का अंत नहीं माना।

तो बच्चो!! बताओ इस कहानी से हमें क्या शिक्षा मिली? माफ़ कीजिये, मेरे अन्दर का गेस्ट लेक्चरर, मेरे अन्दर के लेखक पर कभी-कभी हावी हो जाता है। कहने का तात्पर्य यह है कि प्रिय पाठकों, अगर हम ध्यान से सोचें, तो कितना कुछ है, उपरोक्त घटनाक्रम से सीखने को।

– एक कर्मयोगी, यथार्थ में कभी रिटायर नहीं होता। सामान्य जन मनोवैज्ञानिक रूप से 58 वर्ष को सेवानिवृत्ति की उम्र मानता है। अमिताभ बच्चन ने 58 की उम्र में अपनी सफल दूसरी पारी को प्रारंभ किया।

– भूत में हासिल की गयी उपलब्धियों को वहीं छोड़ देना चाहिए जहाँ वो मिली थीं, यानी भूतकाल में। ठीक उसी मानसिकता से जैसे एक महान बल्लेबाज़ पिछली पारी में शतक जड़ने के बाद अगली पारी की शुरुआत करता है। उसे ज्ञात होता है कि इस पारी को फिर से उसे शून्य से शुरू करना है और पहली गेंद भी उसकी अंतिम गेंद हो सकती है।

– अहम् या ईगो, प्रगति और सफलता में बहुत बड़ा बाधक है। एक सितारे को, जिसे कभी 'वन मैन इंडस्ट्री' कहा जाता था, उसे 58 की उम्र में अपने अहम् को तज कर (अगर अहम् था) किसी के दरवाज़े काम माँगने जाना पड़ा।

– अगर आप किसी भी एक विधा में प्रतिभावान हैं तो आप उस विधा को अपने जीवन का सब कुछ बना लीजिये।

– संभावना को पहचानना सीखिए। जैसे श्री बच्चन ने टेलीविज़न और रियलिटी शो की असीम संभावनाओं को पहचाना था।

– कभी-कभी, जीवन में आगे बढ़ने के लिए, एक कदम पीछे लेना पड़ता है। टी.वी. को अक्सर, मनोरंजन नामक परिवार में फ़िल्मों

का एक बहुत दूर का, और अपेक्षाकृत दरिद्र रिश्तेदार माना जाता है। पर इसी टी.वी. ने बच्चन जी की सफलता के नए अध्याय लिखे और उनकी लोकप्रियता को नया आयाम दिया।

इस किताब में हर अध्याय के अंत में लिखा जाने वाला 'कंप्यूटर जी' वाला वाक्य भी (और आप सब इसे जानते हैं) इस के.बी.सी. की ही देन है।

कंप्यूटर जी कृपया इस लाइन को लॉक किया जाये—

> *'जब तक भगवान, यमराज और चित्रगुप्त ने मिल कर आपके जीवन की पिक्चर का 'दी एण्ड' नहीं लिखा है तब तक आपके पास संभावना है कि दूसरों से नहीं लेकिन खुद से यह कहें— पिक्चर, अभी बाकी है मेरे दोस्त।'*

बहुत नाइंसाफ़ी है

आम बोलचाल में हम अक्सर यह कहते हैं कि, 'यार कभी-कभी अपनी बात खुद को ही लग जाती है।' ठीक ऐसा ही हुआ था 15 अगस्त 1975 को रिलीज़ हुई फ़िल्म 'शोले' के साथ। यह वो पहली फ़िल्म थी, जिसके संवाद गली-गली, नुक्कड़ पर, पान ठेलों पर, चाय की दुकानों पर वैसे ही सुने जाते थे कि जैसे गाने सुने जाते हैं। पोलीडोर कम्पनी जिनके पास इस फ़िल्म के संगीत का ऑडियो अधिकार था, ने इसके संवादों के भी रिकॉर्ड बाज़ार में निकाले थे। और वो रिकॉर्ड, इस फ़िल्म और इस फ़िल्म के संवादों की तरह बहुत लोकप्रिय हुए। यह वो एकमात्र फ़िल्म होगी, जिसका एक नहीं, दो नहीं बल्कि तकरीबन हर संवाद ही जनता के दिलोदिमाग पर न सिर्फ़ छाया बल्कि बहुत गहरे उतर गया था। अगर छाया ही होता तो वक़्त की आँधी उसे एक बादल की तरह उड़ा ले जाती। लेकिन चूँकि उसके संवाद भारतीय जन मानस में बहुत गहरे पैठ गए हैं, इसलिए वह भारतीयों की बोलचाल का हिस्सा बन गए हैं। आज करीब 43 वर्षों के बाद, और फ़िल्म के बाद की दो पीढ़ियों के जवान होने के बावजूद वो 'शोले' फ़िल्म की तरह अभी भी लोगों के दिलों पर राज़ करते हैं।

कभी-कभी किसी विराट सफलता के बाद उससे जुड़े व्यक्ति यह कहते हैं कि 'हमें पहले से यह अंदेशा था कि हम कुछ बड़ा करने जा रहे हैं।' इस पूरी फ़िल्म के बारे में तो, फ़िल्म के कहानी और संवाद लेखक सलीम जावेद की जोड़ी ऐसी बात कह सकती है, लेकिन विशेषकर संवादों के लिए तो ऐसी बात संभव नहीं लगती कि उनमें कुछ प्रत्याशित सफलता की सम्भावना छुपी थी। अब भला—

'कितने आदमी थे।'

'तेरा क्या होगा कालिया।'

'सरदार मैंने आपका नमक खाया है।'

'अब गोली खा।'

'हम अंग्रेज़ों के ज़माने के जेलर हैं।'

'ये हाथ नहीं फाँसी का फंदा है।'

'ये हाथ हमका दे दे ठाकुर।'

'होली कब है, कब है होली।'

'हमारा नाम सूरमा भोपाली ऐसे ही नहीं है।'

'बहुत याराना लगता है।'

'जो डर गया समझो मर गया।'

'नौटंकी साला।'

'इतना सन्नाटा क्यों है भाई।'

और यहाँ तक कि आगे आने वाला संवाद भी आज तक लोगों को याद है—

'सूअर के बच्चो।'

अनुराग कश्यप की फ़िल्में देख लेने के बाद, उपरोक्त संवाद, आपको गाली तो नहीं लगेगा लेकिन फिर भी है तो वो गाली ही। अब भला कौन-सा संवाद लेखक इनको लिखने के बाद यह सोचेगा कि 'वाह क्या धांसू डायलॉग लिखा है मैंने!! ये तो परदे पर आग लगा देगा!!' हाँ-हाँ, मुझे मालूम है कि इस फ़िल्म का, आपका कोई प्रिय संवाद, मेरी लिस्ट में मौजूद नहीं है। लेकिन मैं भी क्या करूँ? अगर 'शोले' के सारे संवाद लिख दूँ तो इस अध्याय के शब्द संख्या कोटे को उसी से पूर्ण होना पड़ेगा।

तो इस अध्याय की पहली पंक्ति पर वापस आते हुए 'यार कभी-कभी अपनी कही बात खुद को ही लग जाती है।' अब जो बात फ़िल्म 'शोले' पर चरितार्थ हो गयी, उस बात को परदे पर कहने वाले थे हिन्दी सिनेमा के सबसे लोकप्रिय खलनायक 'गब्बर सिंह'—जिनके नाम से 70-80 के दशक में बिस्कुट और कॉमिक्स बेचे गए तो आज 21वीं सदी में लोग 'गब्बर ऐप' बेच रहे हैं—जिन्होंने उस बात को एक दृश्य—जो उनका ओपनिंग सीन भी

था और जो सीन यादगार डायलॉग्स से भरा पड़ा है—उसमें कही थी।

कैमरा गब्बर के पैरों पर फ़ोकस है और वो टीलेनुमा पत्थरों पर एक वार्डन की भाँति एक छोर से दूसरे छोर तक घूम रहा है। उस दृश्य की शुरुआत होती है 'कितने आदमी थे।' वाले संवाद से और बहुत से लोकप्रिय संवादों को पार करते हुए सीन वहाँ पहुँचता है जहाँ पर गब्बर कहता है—

'6 गोली और आदमी 3, बहुत नाइंसाफ़ी है ये।'

और यही 'बहुत नाइंसाफ़ी है।' हमारे अध्याय का शीर्षक है। हालाँकि जिस नाइंसाफ़ी का ज़िक्र जिस परिप्रेक्ष्य में गब्बर कर रहा था और जिस परिप्रेक्ष्य में हम करेंगे उसमें दिन-रात वाला फ़ासला है। बहरहाल गब्बर की कही यही बात फ़िल्म को लग गयी। अब इसे विधि की विडम्बना, विधि का व्यंग्य या फिर इस संसार का सरकैज़्म (ताना/ व्यंग्य) कहें कि जिस फ़िल्म को लोग आज तक नहीं भूले, जिसको 1999 के बी.बी.सी. इंडिया के सर्वे ने सदी की भारतीय फ़िल्म बताया था और जिसके संवाद लोग आज तक दोहराते नहीं थकते, उस फ़िल्म को सिर्फ़ एक फ़िल्मफ़ेयर अवार्ड मिला। नहीं! नहीं! बेस्ट डायलॉग का नहीं बल्कि बेस्ट एडिटिंग का। एक आम आदमी को लगेगा कि इस फ़िल्म को तो फ़िल्म, कहानी, संवाद, पटकथा, निर्देशक, कलाकार, सह कलाकार, सभी वर्गों के पुरस्कार मिलने थे। और नहीं तो कम-से-कम ऐसा तो कोई माई का लाल पैदा ही नहीं हुआ होगा, जो गब्बर से, मतलब अमज़द खान से बेस्ट विलेन यानी खलनायक का अवार्ड छीन सके। अब ऐसी ही स्थिति को सँभालने के लिए बनाने वालों ने 'व्यंग्य' और 'विडम्बना' जैसे शब्द बनाए हैं। उस वक़्त फ़िल्मफ़ेयर में बेस्ट व़िलेन की कोई केटेगरी ही नहीं थी।

और उस ज़माने में हर पब्लिकेशन और मीडिया ग्रुप ने अपने-अपने अवार्ड चालू भी नहीं किये थे। और इसलिए उस समय फ़िल्मफ़ेयर ही हमारा ऑस्कर को एकमात्र और सही जवाब था। और जब-जब 'शोले' के किसी प्रशंसक को यह मालूम पड़ता है कि उस फ़िल्म को 'बेस्ट डायलॉग' वाला अवार्ड भी नहीं मिला, और अगर वो फ़िल्म का खालिस प्रशंसक है जिसने फ़िल्म बीसियों बार देखी हो, तो उसके मन से बरबस ये ही निकलता है—'बहुत नाइंसाफ़ी है।'

इस अध्याय में लगता है कि हमने सिनेमा के संसार में कुछ ज़्यादा ही

देर विचरण कर लिया। अब 'शोले' फ़िल्म ही ऐसी है। तो वापस यथार्थ की कठोर और हमारी किताब की उम्मीद भरी दुनिया में लौटते हैं।

यथार्थ की दुनिया भी कहा जाये तो नाइंसाफ़ी से भरी पड़ी है। कोई गरीब के यहाँ पैदा होता है तो कोई अमीर के यहाँ। कोई अशांत देश में जन्म लेता है, कोई शांत देश में। कोई कम मेहनत से ज़्यादा सफलता पाता है तो कोई ज़्यादा मेहनत में कम। कोई जीवन में 80 प्रतिशत सुख भोगता है तो कोई जीवन में 80 प्रतिशत दुख भोगता है। कोई खाने के जुगाड़ के लिए रोज़ मीलों चलता है, कोई व्यक्ति आरामतलबी में इतना वज़न बढ़ा लेता है कि अपनी चर्बी घटाने के लिए मीलों चलता है। दुनिया में किन्हीं दो व्यक्तियों का भाग्य एक-सा नहीं है।

यूँ ही नहीं हमारे पूर्वजों ने इस धरती का नाम 'मृत्युलोक' रखा है। यूँ ही नहीं हमारे साधु-संत 'मोक्ष' के लिए तपस्या करते थे। 'मोक्ष' यानी जीवन-मरण के कालचक्र से मुक्ति। विभिन्न योनियों में इस धरती पर आने और यहाँ रह कर कष्ट और दुख भोगने से मुक्ति। वो ज्ञानी लोग जानते थे कि जो व्यक्ति इस मृत्यु लोक में आये हैं वो कष्ट और दुख भोगेंगे ही। इसलिए वो इस चक्र से ही मुक्ति चाहते थे।

'न रहेगा बांस न बजेगी बांसुरी।'

जैसा कि मैंने कहा कि ज्ञानी व्यक्ति 'मोक्ष' इसलिए चाहते थे, क्योंकि वो जानते थे कि जो भी व्यक्ति इस धरती पर आया है, उसके लिए कष्ट भोगना तय है। कष्ट की मात्रा कम या ज़्यादा हो सकती है। मैं पूर्व जन्म की धारणा पर विश्वास करता हूँ और साथ में यह भी विश्वास करता हूँ कि आपके कर्मों का एक बहीखाता होता है। आपके कर्म ही इस बात का निर्धारण करते हैं कि आप कितने सुख और दुख भोगेंगे। मेरा यह व्यक्तिगत विश्वास है कि इस कर्म की जो बैलेंस शीट होती है उसका जमा-खर्च आपके अगले जन्म में कैरी फ़ॉरवर्ड होता है।

इस विश्वास के सहारे भी, मैं पिछले जन्मों में जाकर, अपनी बैलेंस शीट में अपने अकाउंट को ठीक नहीं कर सकता। बेहतर यह हो कि मैं सत्य से समन्वय बिठा लूँ और सिर्फ़ अच्छे कर्म पर ही ध्यान दूँ। आप, इस धरती के लोगों के बीच के बेमेल हालातों को, अपने-अपने नज़रिए से देख सकते

हैं। आप कर्म और पूर्व जन्म की थ्योरी को न भी मानें, तो आप इसे कुंडली के आपके सितारों का सितम, दुर्भाग्य या फिर वही कह सकते हैं—'बहुत नाइंसाफ़ी है।' पर यह नाइंसाफ़ी होती क्या है? उसको तौला कैसे जाये? जो सत्य किसी का स्वप्न होता है वही सत्य किसी का दुःस्वप्न होता है। कोई 2 वक़्त का भोजन मिलने पर खुशी से उछलता है, और कोई, इस बात को अपने साथ हुई नाइंसाफ़ी मानता है कि उसके दोस्त तो फ़ाइव स्टार में डिनर अफ़ोर्ड कर सकते हैं पर वो नहीं कर सकता।

जैसा कि हमने कई बार देखा है कि अमीरी और गरीबी वाला दौर, वक़्त के साथ बदल सकता है। पर एक चीज़ ऐसी होती है जिसमें अवस्था कभी वैसी नहीं होती जो मौलिक रूप से प्रकृति या फिर भगवान ने बनाई थी।

'टूटे से फिर न जुड़े, जुड़े गाँठ पड़ जाय।'

रहीम ने ये पंक्तियाँ किसी और सन्दर्भ में कही थीं पर मेरा आशय शरीर के अंग-प्रत्यंग के सुचारू रूप से कार्य करने से है। हमने अपाहिज से विकलांग और विकलांग शब्द से दिव्यांग की यात्रा तो कर ली लेकिन संबोधन को बदलने से पीड़ित व्यक्ति की सच्चाई नहीं बदलती। उसके जीवन का संघर्ष कम नहीं होता। पूछने पर, गूगल चाचा बताते हैं कि—

- विश्व में तकरीबन 1 बिलियन लोग किसी-न-किसी प्रकार की विकलांगता से ग्रसित हैं।
- भारत में तकरीबन 2.21 मिलियन लोग किसी-न-किसी प्रकार की विकलांगता से ग्रसित हैं।

प्रकृति हमारी हर ज़रूरत की चीज़ मुफ़्त देती है। और हम मुफ़्त के माल की कद्र करते नहीं जिसमें हमारा सुचारू शरीर भी शामिल है। सब ठीक-ठाक चल रहा होता है कि हमारे बायें हाथ की सबसे छोटी उँगली के किसी ऐसे छोटे से कोने में : जिसके अस्तित्व का हमें अभी तक एहसास भी नहीं था : एक खलिश, एक चुभन उत्पन्न होती है, हमारी सुचारू कार्यप्रणाली को कुछ दिनों के लिए बाधित करती है और कुछं दिनों तक हमारे मन-मस्तिष्क में वह तकलीफ़ मौजूद रहती है।

तो भला उन सबके बारे में सोचिए जो किसी दुर्घटना में या फिर जन्म से अपने शरीर का कोई अंग हमेशा के लिए गँवा देते हैं!!! कई बार

आधुनिक चिकित्सा में आई उन्नति के चलते उन्हें वह अंग वापस मिल जाता है पर उसकी क्षमता कभी वैसी नहीं हो पाती जैसी प्रकृति ने उन्हें प्रथम प्रदत्त की थी। ऐसे लोग जिनके पास कोई आशा या कोई उम्मीद नहीं होती पुरानी स्थिति में वापस जाने की। मेरे ख़याल से ऐसे ही लोग यह हक रखते हैं कि वो ये कहें कि—'बहुत नाइंसाफ़ी है।'

पर क्या उनके पास वाकई कोई उम्मीद नहीं होती? अब भला आशा और उम्मीद तो हमारी इस किताब के स्तम्भ हैं!!!

'मन के हारे हार, मन के जीते जीत।'

1981 में तमिलनाडु राज्य में एक षोडशी अपने परिवार के साथ एक बस में यात्रा कर रही थी। 16 वर्षीय यह लड़की भरतनाट्यम नृत्य की प्रतिभावान नृत्यांगना थी। इस लड़की के लिए कल्पना से भी परे था, यह सोचना कि उसके भाग्य ने उसके लिए किसी और ही यात्रा की योजना बना कर रखी है। एक कठिन यात्रा की। वह बस दुर्घटनाग्रस्त हो गयी और लड़की गंभीर रूप से घायल हो गयी। चिकित्सकों ने इलाज करते हुए यह पाया कि उस लड़की के दाहिने पैर में गैंगरीन हो गया है और उस पैर को काटने के अलावा, उनके पास कोई चारा नहीं था।

अगर यह एक साधारण लड़की की साधारण कहानी होती तो वो लड़की गुमनामी और गम की दुनिया में जीवन व्यतीत कर रही होती। इस दुर्घटना को नियति का एक क्रूर मज़ाक मान कर वो कब का नृत्य को नमस्कार करके भूल चुकी होती। लेकिन ऐसा होता तो यह कहानी इस किताब का हिस्सा क्यों बनती? दो साल के आराम के बाद इस लड़की ने फिर से नृत्य करना शुरू किया। कैसे? भला हो कृत्रिम पैरों का, उस तकनीक का जिसका ज़्यादा लोकप्रिय नाम 'जयपुर फुट' है। तो अपने कृत्रिम दाहिने पैर से इसने अपने नृत्य के जुनून को जीवंत करना शुरू किया। इस सच्ची कहानी के ट्विस्ट और इसकी नायिका की जिजीविषा ने एक फ़िल्मकार को 'मयूरी' नाम की एक तेलुगु फ़िल्म बनाने को मजबूर किया। सोने पर सुहागा यह कि फ़िल्म की नायिका और असल जीवन की नायिका एक ही थी। इस तेलुगु फ़िल्म की अप्रत्याशित सफलता ने एक बम्बईया फ़िल्मकार को यह फ़िल्म हिन्दी में बनाने के लिए प्रेरित किया। 1986 में एक फ़िल्म 'नाचे मयूरी' शीर्षक से

आई और खूब सफल रही। इस लड़की : जो अब एक महिला है : का नाम सुधा चन्द्रन है। आप में से बहुत से लोग इन्हें जानते होंगे क्योंकि ये आज भी फ़िल्म और टेलीविज़न जगत की एक सक्रिय शख्सियत हैं। कुछ स्कूल अपने पाठ्यक्रम में इनकी कहानी बच्चों को प्रेरित करने के लिए पढ़ाते हैं।

सुधा के साथ, जीवन या फिर भाग्य ने, जो भी नाइंसाफ़ी की हो लेकिन उन्होंने यह बोलने में अपना समय और सामर्थ्य नष्ट नहीं की कि—'बहुत नाइंसाफ़ी है।'

बल्कि कुछ ऐसा किया कि लोग आज उनकी कहानी के बारे में यह कहते हैं कि—'बहुत प्रेरक कहानी है।'

अब हर किसी दिव्यांग के भाग्य में सुधा चंद्रन जैसी प्रसिद्धि या फिर सेलेब्रिटी स्टेटस नहीं होता। लेकिन उस कारण से उसकी लड़ाई और उसका संघर्ष कोई कमतर नहीं हो जाता। जैसे कि हमने पहले भी चर्चा की, अगर देखने की नज़र हो तो हमारे आस-पास भी ऐसे उदाहरण मिल जायेंगे जो न तो सेलेब्रिटी हैं और न ही इनके पास अकूत पैसा या प्रसिद्धि है। लेकिन इनके पास है प्रकृति द्वारा की गयी नाइंसाफ़ी से लड़ने का पराक्रम।

यह बात 1978 की है, रायपुर शहर, जो तत्कालीन मध्य प्रदेश का हिस्सा था और अब छत्तीसगढ़ राज्य की राजधानी है, में एक परिवार बहुत खुश था। और होते भी क्यों न, हम भारतीयों का सबसे बड़ा त्यौहार 'दिवाली' बस 10 दिन दूर था। और जैसा कि इस दौरान होता है, हर परिवार की तरह तायडे परिवार भी दिवाली का स्वागत करने की तैयारी में व्यस्त था। इस परिवार के लोग इस बात से बेखबर थे कि भाग्य और भगवान उनके लिए किसी और ही परीक्षा की तैयारी करने में व्यस्त थे। इस परिवार में एक छोटा बालक भी था। इस बालक की आयु इतनी छोटी थी कि वो दिवाली, परीक्षा, उत्सव, भगवान ऐसे बड़े-बड़े शब्दों के अर्थ समझने में असमर्थ था। उस बालक को दो वर्ष का होने में भी तीन महीने बाकी थे और एक गंभीर बीमारी दबे पाँव उस बालक को अपना शिकार बनाने बढ़ रही थी। प्रकाश के उत्सव दिवाली की खासियत यह है कि वो हमेशा अमावस को आती है और तायडे परिवार के लिए उस बार दिवाली, प्रकाश की रात नहीं बल्कि अमावस की रात ही रही। इस छोटे बालक दीपक तायडे के दाहिने पैर में ऐन दिवाली से 10 दिन

पहले, पोलियो नामक बीमारी ने हमला बोल दिया।

दीपक को मैं पिछले 25 वर्षों से जानता हूँ, क्योंकि वो स्कूल में मेरा मित्र और सहपाठी रहा है। वह कभी भी अपनी शारीरिक कमी को लेकर शर्मिंदगी का भाव नहीं रखता था और इसलिए हम लोग यानी कि उसकी मित्र मण्डली भी कभी उसको अपने से अलग नहीं समझ पाते थे। गायन की प्रतिभा रखने वाला यह शख्स जितना संभव हो सके, पाठ्यक्रम से इतर होने वाली स्कूल की गतिविधियों में हिस्सा लेता था। इसे मैं विडम्बना ही मानता हूँ कि जिस व्यक्ति को बचपन में ही एक लाइलाज बीमारी ने घेर लिया वो आज जलगाँव शहर (महाराष्ट्र) में ज़िला परिषद् के स्वास्थ्य विभाग में एक स्वास्थ्य कर्मचारी के रूप में कार्यरत है। आज दीपक, अपने परिवार—जिसमें पत्नी और बेटी शामिल हैं—के साथ एक सामान्य जीवन बिता रहा है। और हाँ, कुछ वर्षों पहले खरीदी उसकी कार भी वो स्वयं चलाता है।

तो आपके जीवन में ऐसी कौन सी नाइंसाफ़ी हो गयी?

अगली बार, जब आपके पसंदीदा ब्रांड के जूते को खरीद पाने में आपका बैंक बैलेंस आड़े आ रहा हो, तो भी किस्मत को मत कोसना क्योंकि देर-सबेर जो सेल लगेगी उसमें आप फ़्लैट 50 प्रतिशत ऑफ़ वाली स्कीम में वो जूते खरीद ही लोगे। लेकिन उनका क्या जो अपने प्राकृतिक पैर और उसकी शक्ति को हमेशा के लिए गँवा चुका है। जब ऐसे लोग—जैसे कि हमने उपरोक्त उदाहरणों में देखा—अपनी किस्मत का रोना रोने में समय नष्ट नहीं करते तो फिर आप क्यों करते हो?

पत्र-पत्रिकाओं में हम रोज़ कितने दुर्भाग्यपूर्ण केस देखते हैं, जब लड़कियाँ बिना किसी दोष के एसिड अटैक से अपना प्राकृतिक चेहरा हमेशा के लिए खो देती हैं। लड़कियाँ बिना किसी दोष के बलात्कार का शिकार होकर अपनी मानसिक शांति और संतुलन हमेशा के लिए खो देती हैं। ऐसी पीड़ा भोगने वाले लोग चाह कर भी, कभी पूरी तरह सामान्य नहीं हो पाते। ये लोग बहुत हिम्मत दिखाते हैं लेकिन हम और आप कितनी भी प्रेरक कहानियाँ सुन और सुना लें लेकिन कभी ऐसी पीड़ाओं की सही गहराई माप नहीं पायेंगे। इनके पास तो फिर भी यह हक होता है कि ये कहें कि—'बहुत नाइंसाफ़ी है ये!'

पर मेरे और आपके पास क्या इतना कोई विषम और विराट कारण है? ज़रा सोचिए!!

इसलिए जीवन की छोटी-छोटी समस्याओं—अब ऐसे लोगों के मुकाबिल तो हमारी-आपकी समस्याएँ छोटी ही हैं—से घबराकर और निराश होकर भाग्य और भगवान से ये न कहें कि—'बहुत नाइंसाफ़ी है।'

ज़रा ध्यान से याद कीजिये। जितने भी महापुरुष हुए हैं या महान स्त्रियाँ हुई हैं, उनका जीवन कौन-सा कष्टों या उतार-चढ़ाव से मुक्त रहा है?

'नर का क्या बड़ा, समय बड़ा बलवान।
भील लूँटी गोपियाँ, वही अर्जुन वही बाण॥'

—तुलसीदास

तुलसीदास जी ने समय के उतार-चढ़ाव के बखान के लिए जिस कथा को अपना सन्दर्भ बनाया है वो *महाभारत* में आती है। जिस भी चीज़ का आरम्भ है उसका एक अंत भी है। विष्णु के जितने भी अवतार इस धरती पर आये वो ऐसे बहुत से सत्यों से साधारण मनुष्य का साक्षात्कार करवाते हैं। श्रीकृष्ण जो विष्णु के अवतार थे, उनका भी अंत कोई बहुत सुखद नहीं रहा। महाभारत युद्ध के पहले और उपरांत, श्रीकृष्ण ने धर्म की स्थापना करने के लिए कुछ ऐसे भी कार्य किये जो तत्कालीन नियमों के विरुद्ध थे और जिससे कुछ लोगों को पीड़ा भी हुई। गांधारी ने युद्ध में अपने सभी 100 पुत्रों को खोने के बाद श्रीकृष्ण पर यह आरोप लगाया कि वो भगवान हैं और इस महाविनाश से लोगों को बचा सकते थे। अब ऐसा महाविनाश नहीं होता तो आने वाली पीढ़ियाँ कुछ सीख भी नहीं पातीं। पर क्या आगे की पीढ़ियों ने उसके बाद भी कुछ सीखा है? बहरहाल।

तो गांधारी ने अपने सतीत्व की शक्ति से श्रीकृष्ण को उनके और उनके सम्पूर्ण यादव वंश के विनाश का श्राप दिया। कालांतर में वो श्राप सही हुआ और साथ ही यह भी नियति थी कि कृष्ण की मृत्यु के 7 दिन के भीतर उनकी वैभवपूर्ण नगरी द्वारिका समुद्र की गोद में समा जायेगी। जितना संभव हो सके, उतनी महिलाओं और बच्चों को सुरक्षित हस्तिनापुर ले जाने अर्जुन द्वारिका पहुँचे। अपनी वापसी की यात्रा में कुछ जंगली कबीलों ने उनको घेर लिया। वही अर्जुन, जिसने महाभारत युद्ध में अपनी धनुर्विद्या से पांडवों की जीत में

प्रमुख भूमिका अदा की थी, उसके बाणों की शक्ति क्षीण पड़ गयी। उसकी कला इस समय उसके कोई काम नहीं आई। जंगलियों ने लूटपाट मचाई और महिलाओं को उठा कर ले गए। चूँकि यादव कुल का विनाश तय था, अर्जुन चाह कर भी उसे बचा नहीं पाए और हताशावस्था में हस्तिनापुर लौटे।

- श्रीकृष्ण का अंत दुखद था।
- श्री राम को राजकुमार होने के बावजूद 14 वर्ष वन में गुज़ारने पड़े।
- विभिन्न कारणों से श्री राम को अपनी पत्नी रानी सीता से लंका युद्ध के पहले और बाद अलग-अलग रहना पड़ा।
- ईसा मसीह यानी जीसस क्राइस्ट को सूली पर चढ़ाया गया।
- मीरा को विष उनके परिवार के सदस्यों ने ही दिया था।
- 20वीं सदी के महात्मा और भारत को आज़ादी दिलाने में अग्रणी भूमिका निभानेवाले राष्ट्रपिता महात्मा गाँधी को अंततः एक भारतीय ने ही गोली मारकर उनकी हत्या की।

जब बापू को गोली लगी तो अपने स्वतंत्रता संघर्ष का हवाला देते हुए कह सकते थे कि—'बहुत नाइंसाफ़ी है ये।'

लेकिन उन्होंने कहा—'हे राम'।

इन सब और ऐसे बहुत से लोगों ने इतनी पीड़ा इसलिए सही कि हम जैसे लोग अपनी छोटी-छोटी समस्याओं को दिमाग में बड़ी न होने दें। अब चूँकि इस किताब को लिखने वाला और पढ़ने वाला इतने बड़े संघर्ष में लिप्त नहीं है जो उपरोक्त पुरुषों और स्त्रियों ने किये, तो ज़ाहिर है कि हमारी समस्याएँ भी बहुत छोटी-सी ही हैं।

'तुलसी साथी विपत्ति के विद्या विनय विवेक।
साहस सुकृति सुसत्याव्रत राम भरोसे एक॥'

उपरोक्त दोहे में जो तुलसीदास जी कहते हैं उसी का पालन हमें करना है। जब लगे कि भाग्य और भगवान हमारे साथ नाइंसाफ़ी कर रहे हैं तो हमें अपने ज्ञान, बुद्धि, विनम्रता, साहस, अच्छे कर्म, सत्य वचन और ईश्वर पर विश्वास के सहारे उस बुरे वक़्त से पार पाना है।

आप भाग्यशाली हैं कि आप तुलसी को पढ़कर उनका अनुसरण कर सकते हैं। लेकिन जो उनको नहीं पढ़ पाते वो भी ऐसा करते हैं। और न

सिर्फ़ प्रेरणास्त्रोत बनते हैं बल्कि हमारी इस किताब के लिए वो भी बनते हैं जो हमारी इस किताब का आधार है : जी हाँ! उदाहरण।

वर्ष 1990 में ऑस्ट्रेलियाई जेल में एक कैदी था जो सुधरना चाह रहा था और अपने व्यतीत किये हुए असाधारण जीवन पर एक किताब लिख रहा था। एक ऐसा जीवन जिसमें उसने भागे हुए कैदी के रूप में देश-विदेश में समय बिताया था। उसमें से 10 साल भारत में भी बिताये थे। जेल के वार्डन को एक कैदी का, लेखक बनना पसंद नहीं आया। उसने उसकी पाण्डुलिपि नष्ट कर दी। कैदी ने हार नहीं मानी और लिखता रहा। इस बार फिर वार्डन ने पांडुलिपि नष्ट कर दी। तीसरी बार लेखक के हौसले के आगे वार्डन का हठ हार गया। पांडुलिपि सम्पूर्ण हुई, किताब छपी और बिकी। और फिर ऐसी बिकी कि वो साल की नहीं, दशक की महीं बल्कि सर्वकाल की सर्वाधिक बिकने वाली किताबों की फ़ेहरिस्त में शुमार हो गयी। किताब का नाम *शांताराम* था और कैदी लेखक का नाम था डेविड ग्रेगोरी रोबर्ट्स।

कंप्यूटर जी कृपया इस लाइन को लॉक किया जाये—

'अमिताभ बच्चन की आवाज़ को ऑल इंडिया रेडियो ने एनाउंसर के काबिल नहीं समझा था। अमिताभ बच्चन ने यह नहीं सोचा कि "बहुत नाइंसाफ़ी है।" अपना श्रम और संघर्ष करते रहे, कालांतर में उनकी वही आवाज़ उनकी सफलता का एक प्रमुख कारक बनी।'

मेरे पास माँ है

पिछले अध्याय में हमने देखा कि 'शोले' फ़िल्म को प्रत्याशित अवार्ड मिल नहीं पाए। तो एक सवाल तो बनता है। फिर मिले किसको? अगर मैं ही वो शख्स हूँ जिसने आपको हिन्दी सिनेमा के इस सत्य से अवगत कराया है तो मुझे ही इस बात का जवाब आपको देना चाहिए। वो अमिताभ बच्चन की ही एक फ़िल्म थी। और उसे सारे फ़िल्मफ़ेयर अवार्ड प्राप्त हुए। उत्तम फ़िल्म, निर्देशन, कहानी, पटकथा, संवाद, साउंड और सह कलाकार (पुरुष) और वह फ़िल्म थी 'दीवार'।

तो ऐसा क्यों हुआ होगा? शायद इसलिए क्योंकि 'दीवार' फ़िल्म के पास माँ थी जो 'शोले' के पास नहीं थी!

ज़ाहिर है यह मज़ाक ही था। 'दीवार' फ़िल्म के भी बहुत सारे संवाद मकबूल हुए और भारतीयों की आम बोलचाल का हिस्सा बन गए। उन्हीं में से एक संवाद था—'मेरे पास माँ है।'

मैंने मज़ाक में ऊपर कुछ कहा था और इसी बात को आगे बढ़ाते हुए यह कहूँगा कि इस संवाद की महिमा और मकबूलियत आज भी महसूस की जाती है। आज भी इस डायलॉग का उपयोग, चर्चाओं में विशेषज्ञों से लेकर स्टैंड अप कॉमेडी आर्टिस्ट तक करते हैं। गंभीर चर्चाओं में, माँ की महत्ता दर्शाने से लेकर, हास्य चर्चाओं में पति-पत्नी और सास के त्रिकोण से लेकर, राहुल गाँधी तक चुटकुले बनाने के लिए इस संवाद का उपयोग आज भी होता है।

अमिताभ बच्चन और उनके सिनेमा को आधार बना कर लिखी गयी इस किताब में सिर्फ़ दो ही अध्याय ऐसे हैं जिनके शीर्षक बच्चन जी की फ़िल्म से तो हैं, पर वो संवाद या गीत, परदे पर उनके द्वारा जीवंत नहीं किये गए।

एक शीर्षक था पिछले अध्याय का, और एक शीर्षक है इस अध्याय का। फ़िल्म 'शोले' में गब्बर का किरदार, ठाकुर, जय, वीरू, बसंती के किरदार के ऊपर और बहुत ज़्यादा अपनी उपस्थिति दर्ज करवाता है। ठीक उसी तरह फ़िल्म 'दीवार' में माँ का किरदार भी विजय (अमिताभ) और रवि (शशि कपूर) के त्रिकोण को पूर्णता देता है। यह भी एक विडम्बना कही जायेगी कि 'दीवार' को तमाम अवार्ड मिले, पर माँ का महत्त्वपूर्ण किरदार निभाने वाली निरूपा रॉय को बैस्ट महिला सह कलाकार का अवार्ड नहीं मिला।

फ़िल्म में, जैसा मैंने पहले कहा कि बहुत से दमदार और लोकप्रिय संवाद थे। हम और आप, अपनी-अपनी पसंद और पूर्वाग्रह के चलते इस बात पर असहमत हो सकते हैं कि कौन-सा एक संवाद उसका सबसे दमदार या लोकप्रिय संवाद है!! पर हिन्दी फ़िल्म का दर्शक एक बात से ज़रूर सहमत होगा कि अभिनेता शशि कपूर ने अपने करीब-करीब 4 दशक लम्बे कैरियर में, जो सबसे दमदार और लोकप्रिय संवाद परदे पर बोला है वो है—'मेरे पास माँ है।'

भले ही यह संवाद शशि कपूर ने बोला हो लेकिन इस संवाद के बिना हमारी यह किताब अधूरी लगती। यह अमिताभ बच्चन की ही फ़िल्म का संवाद है और इस सीन में अमिताभ बच्चन भी मौजूद हैं। अमिताभ बच्चन ने स्वयं अपने इंटरव्यूज़ में कहा है कि बाद की पीढ़ी ने पता नहीं कैसे इस संवाद को उनके साथ जोड़ दिया, यदा-कदा प्रशंसक उनके पास ऑटोग्राफ़ लेने आते तो कहते कि वो 'मेरे पास माँ है' वाला डायलॉग बोल के सुनाओ। इस संवाद में जो सन्देश निहित है उसने मुझे भी बाध्य किया इसको अपनी किताब का हिस्सा बनाने को।

जो कम भाग्यशाली लोग हैं, मेरा मतलब उनसे है जिन्होंने यह पिक्चर नहीं देखी, मुझे उनके लिए फ़िल्म के सीन की थोड़ी-बहुत भूमिका बाँधनी पड़ेगी। अपने विद्रोही स्वभाव के अनुरूप विजय (अमिताभ) समाज का अन्याय और असमानता झेलते-झेलते एक गरीब समुद्री डॉक यार्ड कुली से एक अमीर गैंगस्टर की यात्रा तय करता है। उसी गरीबी में पला-बढ़ा उसका छोटा भाई रवि (शशि कपूर) एक पुलिस वाला बनता है। जब माँ को अपने बड़े बेटे के गलत कामों से कमाए धन का पता चलता है तो वो उसके घर

के ऐशोआराम की सुख-सुविधा छोड़ कर अपने मध्यमवर्गीय छोटे बेटे के पास चली जाती है। पहले अध्याय में हमने देखा था कि शशि कपूर अमिताभ के सामने एक विकल्प रखते हैं। इस सीन में अमिताभ शशि कपूर के सामने एक विकल्प रखते हैं और वह विकल्प होता है शशि कपूर के शहर छोड़ के जाने का, क्योंकि अपनी ईमानदारी और कर्तव्यनिष्ठा से उन्होंने शहर के पूरे अपराध जगत को अपना दुश्मन बना लिया होता है। पुलिसिया भाई के इनकार करने पर, और उसकी दुनियादारी से दूर और आदर्शों से भरी बात सुन कर अमिताभ कहते हैं कि—

'देखो!!! देखो ये वही मैं हूँ और ये वही तुम हो। हम दोनों एक साथ इस फुटपाथ से उठे थे। लेकिन आज तुम कहाँ रह गए और मैं कहाँ आ गया। आज मेरे पास बिल्डिगें हैं, प्रॉपर्टी है, बैंक बैलेंस है, बंगला है, गाड़ी है!! क्या है तुम्हारे पास?'

तब रवि, यानी शशि कपूर जवाब देते हैं—'मेरे पास माँ है।'

यह जवाब सुनकर अमिताभ लाजवाब हो जाते हैं, कुछ बोल नहीं पाते और सीन खत्म होता है।

तो 4 शब्दों के इस जवाब में ऐसा क्या था कि रील लाइफ़ में अमिताभ लाजवाब हो गए और रियल लाइफ़ में हम, इसको एक प्रेरक किताब का हिस्सा बनाते हैं।

इस एक डायलॉग में जो सन्देश निहित है वो है अपनी प्राथमिकताओं का सही ज्ञान होना, यानी मेरे लिए क्या ज़रूरी है। मेरे लिए किस बात का महत्त्व है। और मेरी प्राथमिकताएँ ज़रूरी नहीं कि वही हों जो मेरे दोस्तों की हैं, मेरे पड़ोसियों की हैं, मेरे रिश्तेदारों की हैं या फिर मेरे फ़ेसबुक के उस फ्रेंड की हैं जिससे मैं आज तक रू-ब-रू हुआ ही नहीं। और जैसा इस सीन में हम देखते हैं, ज़रूरी नहीं कि आपकी प्रांथमिकताएँ भी वही हों, जो आपके साथ-साथ एक ही घर में पले-बढ़े, आपके सगे भाई या बहन की हों।

बरसों पहले दूरदर्शन में एक विज्ञापन आता था, एक वॉशिंग पाउडर का, जिसमें एक रोचक वाक्य था, जिसे आज भी लोग दोहराते हैं—'उसकी साड़ी मेरी साड़ी से सफ़ेद कैसे।'

अगर यह भाव स्वस्थ प्रतियोगिता की मानसिकता से कहा जाये तो

फिर भी ठीक है लेकिन अगर इसमें जलन, ईर्ष्या, और बिना सोचे-समझे बराबरी करने का भाव निहित है, तो इसका घाटा आपको ही होगा। ध्यान से सोचिए!! शायद आपकी प्राथमिकता साड़ी है ही नहीं, शायद आप सलवार कमीज़ या स्कर्ट पहनती हों।

तो वो सिर्फ़ इसलिए करना कि वो दूसरे कर रहे हैं, वैसा सोचना सिर्फ़ इसलिए क्योंकि दूसरे वैसा सोच रहे हैं, या फिर उन सब चीज़ों को अपनी खुशी का आधार बनाना सिर्फ़ इसलिए क्योंकि उससे दूसरों को खुशी मिलती है। इस अध्याय में हम इसी भेड़चाल की प्रवृत्ति से दूर रहने की बात करेंगे।

हर किसी के जीवन में एक ऐसा दौर आता है, जब व्यक्ति को अपने दोस्त-सहेलियाँ, अपने माँ-बाप से ज़्यादा अपने लगने लगते हैं। यह दौर, ज़्यादातर उम्र के दूसरे दशक के उत्तरार्ध और तीसरे दशक के पूर्वार्ध में आता है। और यही वह समय होता है जो कमोबेश हमारे लिए हमारे कैरियर की दिशा निर्धारित करता है। एक प्रश्न सबके मन में आता है कि आगे क्या करें? किस क्षेत्र को अपना कैरियर बनाएँ या फिर स्नातक कौन से विषय से हो?

कॉमर्स के विद्यार्थी अपनी बी.कॉम की डिग्री में धार लगाने के लिए ये सोचते हैं कि हम एम.बी.ए, सी.ए. और सी.एस. में से क्या करें। वहीं इंजीनियरिंग और मेडिकल के छात्र इस उधेड़बुन में रहते हैं कि इन दोनों क्षेत्रों के बहुत से वर्गों में, किस वर्ग विशेष में हम अपनी डिग्री पूर्ण करें। वैसे ये निर्णय अक्सर वो मार्क्स ही करते हैं जो आप परीक्षा में लाये हैं और कट ऑफ़ के हिसाब से आपको सीट मिल जाती है। और आप इसके बाद कुछ और नहीं सोचते। मेरा कहने का आशय यह है कि आपके मार्क्स ज़्यादा आयें वो तो अच्छा ही है, लेकिन स्वतः ही उस क्षेत्र को चुनना, सिर्फ़ आपके अंकों के आधार पर न होकर इस बात पर होना चाहिए कि आप किस विधा के डॉक्टर या इंजीनियर बनना चाहते हैं और फिर उसके कट ऑफ़ के हिसाब से आपको अपना प्रयास और परिश्रम करना चाहिए। लेकिन अक्सर ऐसा होता नहीं, क्योंकि इस वक़्त हम पर अपने दोस्तों की पसंद, और अपने माँ-बाप के अधूरे सपने हावी रहते हैं जो वो हमारे द्वारा पूर्ण करना चाहते हैं।

तो या तो अपने माता-पिता के अधूरे सपने, अपने दोस्तों के साथ एक ही कॉलेज में आगे बने रहने की इच्छा या फिर 'जो मिल गया उसी को मुकद्दर

समझ लिया' वाली सोच के चलते हम बिना सोचे-समझे जीवन का बहुत महत्त्वपूर्ण निर्णय कर लेते हैं।

इसलिए जब समय हो तब सोच-विचार करें। मर्ज़ी है आपकी क्योंकि जीवन है आपका। गुलाब के साथ काँटों के लिए तैयार रहें। अगर मान लीजिये आप कॉमर्स के विद्यार्थी हैं और सी.ए. कर रहे हैं तो डिग्री आने के बाद भी आपके पास दो विकल्प रहेंगे।

क्या मैं नौकरी करूँ?

क्या मैं खुद की प्रैक्टिस शुरू करूँ?

अगर नौकरी करेंगे तो आपके हर महीने की आवक तय हो जायेगी। कम्पनी का व्यवसाय भले बीच में 2-4 महीने डगमगा जाये लेकिन आपको पूरी तनख्वाह हर महीने मिलती रहेगी। लेकिन नौकरी में तनख्वाह और इन्क्रीमेंट की एक सीमा रहती है। और आपको बीच-बीच में नौकरी और शहर बदलने पड़ सकते हैं। वहीं अगर आप खुद की प्रैक्टिस शुरू करेंगे तो उसको स्थापित होने में समय लगेगा। आप शुरू में अपनी आवक के लिए आश्वस्त हमेशा नहीं रह पायेंगे। लेकिन एक बार आपकी प्रैक्टिस जम जाये, जिसमें 5-10 साल लग सकते हैं, उसके बाद असीमित धनोपार्जन की सम्भावना बनती है। रोज़गार एक कम जोखिम वाला निवेश है जो सिंपल इंटरेस्ट यानी साधारण ब्याज देता है। और स्वव्यवसाय ज़्यादा जोखिम वाला निवेश है जो जब रिटर्न देता है तो कंपाउंड इंटरेस्ट यानी कि चक्रवृद्धि ब्याज के रूप में देता है। आपको आपकी प्राथमिकताएँ पहचाननी हैं और उनके अनुरूप कार्य करना है। हो सकता है कि आपके घर की आर्थिक स्थिति ऐसी न हो कि आप कमाई के लिए अपने व्यवसाय या प्रैक्टिस के जमने तक इन्तज़ार कर सकें, तो आपके लिए यही सही होगा कि आप नौकरी करें। पर जो भी करें अपनी प्राथमिकता के अनुसार करें।

चलिए इसी उदाहरण को थोड़ा आगे बढ़ाते हैं। अपने नायक को, बच्चन जी का सबसे लोकप्रिय स्क्रीन नाम 'विजय' दे देते हैं। तो विजय ने नौकरी शुरू की, कुछ साल अच्छे बीते। अब विजय 25 वर्ष का हो गया है और उसके काम से खुश होकर कम्पनी ने उसको एग्ज़ीक्यूटिव से असिस्टेंट मैनेजर बना दिया है। 'वाह विजय बाबू वाह' उसके इर्द-गिर्द के लोग कुछ

ऐसा ही कहते हैं। साथ में जोड़ते हैं, 'अब तो पद में मैनेजर शब्द आ गया है, अब तो एक कार लेना बनता है!!' विजय भी खुशी से फूला नहीं समाता और तुरंत एक लेटेस्ट मॉडल बुक करा लेता है। एक समय था जब भारत की आन-बान और शान 'एम्बेसडर' कार के लिए सालों की बुकिंग और जल्दी खरीदने के लिए सिफ़ारिश लगती थी। पर समय के साथ-साथ, बस आपके हाँ कहने की देर है कि डीलर आपके घर पर कार छोड़ के जायेगा। तो कार विजय को मिल जाती है और साथ ही कार की उसकी मासिक किश्त भी शुरू हो जाती है। अब कौन-सा नौकरीपेशा व्यक्ति पूरे पैसे देकर महँगी चीज़ें खरीदता है, तो विजय कैसे अपवाद होता।

तो विजय के इर्द-गिर्द के लोग समझते हैं कि विजय ने उनका कहा मान कर यह शुभ कार्य किया है। लेकिन यह विजय और मैं ही जानते हैं कि विजय ने आखिर ऐसा क्यों किया है। अब भला मैं ही तो कहानी का लेखक हूँ। तो असल माजरा क्या है कि विजय का एक सहकर्मी है, चलिए उसे 'अमित' कह कर पुकारते हैं। बच्चन जी का एक दूसरा लोकप्रिय स्क्रीन नाम। तो इस अमित ने पिछले साल पहले ही असिस्टेंट मैनेजर बन जाने के बाद एक कार ली थी। और तब से ही विजय में ये कुलबुलाहट थी कि वो भी जल्द-से-जल्द कुछ ऐसा करे। और पहला मौका मिलने के साथ ही, विजय ने सामर्थ्य दिखाने और शो ऑफ़ करने के इस खेल में अपना भी दाँव खेल दिया।

लेकिन यह वही विजय है जिसने सी.ए. करने के बाद इसलिए प्रैक्टिस चालू नहीं की थी, क्योंकि उसके घर की आर्थिक स्थिति अनुकूल नहीं थी। उसके पिताजी एक सेवानिवृत्त सरकारी शिक्षक थे। भला हो स्टूडेंट लोन सुविधा का कि विजय पढ़ाई पूरी कर पाया। अब वह उसकी किश्तें चुका रहा है। फिर उसकी एक छोटी बहन है जो कॉलेज में है। उसके स्वावलंबी बनने से लेकर शादी तक का खर्च भी विजय को ही वहन करना है। और वहीं, उसका सहकर्मी और मित्र अमित, एक बड़े पद पर कार्यरत ग्रेड 1 सरकारी अफ़सर का पुत्र है। अमित के पिताजी ने कमाई वाली पोस्टिंग ले-ले कर खूब धन कमाया है। अमित की गाँव की ज़मीनें इतनी हैं कि अमित को ही उनकी कोई सही गिनती मालूम नहीं। सोने पर सुहागा कि वो इकलौता है। ज़ाहिर है कि

जब विजय और अमित की परिस्थिति ही एक नहीं, तो दोनों की प्राथमिकताएँ भी एक नहीं हो सकतीं। और किसी उपरोक्त, वर्णित घटना विशेष पर होने वाली प्रतिक्रिया भी दोनों की एक नहीं होनी चाहिए।

माना कि मैंने दो बहुत विरोधाभासी पृष्ठभूमि के लोगों का उदाहरण लिया। लेकिन लेखकों को तमाम लोग यही सिखाते हैं कि जब तक कहानी में 'द्वन्द्व' नहीं आयेगा, कहानी में मज़ा नहीं आयेगा।

चलिए अब विजय की इस कहानी को 15 साल और आगे बढ़ाते हैं। अपना विजय, अब फ़ाइनेंस डिपार्टमेंट का सबसे उच्च अधिकारी यानी कि सी.एफ.ओ. हो गया है। माने कि चीफ़ फ़ाइनेंशियल ऑफ़िसर। विजय की प्रतिभा उसे बहुत दूर ले आयी है। लेकिन उसके 18-18 घंटे काम करने के बाद भी वह अपना काम पूरा नहीं कर पा रहा है। कम्पनी का सी.ई.ओ. उससे खुश नहीं है। विजय को समझ में नहीं आ रहा है कि उससे चूक कहाँ हो रही है। उसके साथ वही स्थिति हो गयी है, जो तुलसीदास जी ने कहा था—'वही अर्जुन वही बाण।'

विजय, उसकी प्रतिभा और उसका परिश्रम सब वैसे ही हैं। पर फिर भी विजय अपने टारगेट पूरे नहीं कर पा रहा है। क्यों? अब हम इस कहानी के लेखक हैं तो ज़ाहिर है कि हमारे पास तो इसका जवाब होगा ही। कारण यह कि विजय ने अपने पद के बहुत ऊँचा हो जाने के बाद भी अपनी कार्यशैली और कार्य प्राथमिकताएँ नहीं बदली हैं। जिन लोगों ने भी नौकरी की है, या कर रहे हैं, उन्हें यह ज्ञात होगा कि हर ओहदे के साथ-साथ उसका एक कार्य क्षेत्र निर्धारित होता है।

हर कम्पनी का एक विज़न और मिशन स्टेटमेंट होता है। विज़न मतलब कम्पनी को कहाँ जाना है और मिशन स्टेटमेंट मतलब कम्पनी वहाँ तक कैसे पहुँचेगी। और इन्हीं दोनों स्टेटमेंट के आधार पर कर्मचारियों के लिए कार्य निर्धारित होते हैं। ऊपर से नीचे के क्रम में हम चलें, तो जैसे-जैसे हम नीचे जाते हैं, कर्मचारी का शारीरिक श्रम यानी ग्राउंड वर्क और फ़ील्ड वर्क बढ़ता है। जैसे कि दुकान-दुकान जाना, लगातार रिटेलर और डिस्ट्रीब्यूटर से मिलना, और अपने क्षेत्र का दौरा करते रहना। वहीं व्यक्ति जितना ऊपर होता है उसकी मेहनत उसके मस्तिष्क की होती है जिसमें वह कम्पनी के उत्थान के लिए

नई-नई नीतियाँ और योजनाएँ बनाता है। मतलब खुद काम कम करता है पर लोगों से काम करवाता है।

मैं जब एक टेलिकॉम कम्पनी में था तो मेरे एक सी.ई.ओ. कहा करते थे कि एक टेरिटरी मैनेजर को एक महीने के टारगेट के हिसाब से काम करना चाहिए, एक ज़ोनल मैनेजर को एक क्वार्टर यानी तिमाही टारगेट के हिसाब से काम करना चाहिए, एक ज़ोनल बिज़नेस मैनेजर या फिर पूरी एक ब्रांच के हैड को 6 महीने की योजना से काम करना चाहिए और एक राज्य के सेल्स हैड को पूरे साल भर की योजना से काम करना चाहिए। लेकिन अगर एक ज़ोनल मैनेजर तिमाही छोड़ कर महीने भर की प्लानिंग से काम करता है, तो टेरिटरी मैनेजर सिर्फ़ एक दिन के टारगेट पर फ़ोकस करने लग जाता है। और यह बिगड़ा हुआ संतुलन ऊपर भी असर करता है। आगे जाकर कम्पनी का व्यवसाय भी आशानुरूप नहीं बढ़ता।

और यही चूक हो रही थी विजय के साथ। वो परिश्रम तो कर रहा था, लेकिन सही जगह पर नहीं कर रहा था। उसकी प्राथमिकताएँ उसके पद के साथ नहीं बदली थीं। जो काम उसको अपने कनिष्ठों से करवाने थे उनको वो स्वयं कर रहा था। उसके कनिष्ठों को जो काम अपने जूनियर्स से कराने थे, उस काम को वो स्वयं कर रहे थे। संतुलन बिगड़ रहा था और इसका पूरा ठीकरा विजय के सिर फूट रहा था। क्योंकि सी.ई.ओ. अपनी प्राथमिकता जानता था और वो अपने से एक स्तर नीचे, यानी विजय के काम को नहीं कर रहा था। तो ऐसा नहीं कि प्राथमिकता निर्धारण आपके सही विषय या नौकरी के चुनाव पर खत्म हो जाता है। यह जीवनपर्यंत चलता रहता है।

अब हम इस कहानी में विजय की उम्र को आगे नहीं बढ़ायेंगे। अब नायकों को जवान रखने के, हमेशा से चलने वाले इस दौर में, नायक का 40 तक ही रहना ठीक होगा, जो विजय की उम्र है। तो इस चालीस वर्षीय विजय का एक 'छोटा परिवार सुखी परिवार' भी है। उसका लड़का अभिषेक अब 12 वर्ष का होकर 13वें वर्ष में लग गया है। जिसे अंग्रेज़ी में 'टीन ऐज' कहते हैं। विजय के लड़के के नामकरण के पीछे का लॉजिक तो आप समझ ही गए होंगे!! बहरहाल।

तो एग्ज़ीक्यूटिव से सी.एफ.ओ. की इस यात्रा में ज़ाहिर है कि विजय

को बहुत-सी कुर्बानियाँ देनी पड़ीं। जिनमें उसके परिवार को दिया जाने वाला समय भी शामिल है। उसका प्यारा-सा लड़का अभिषेक, जो उसके ऑफ़िस से आते ही दौड़ कर गले लगता था, वो अब उससे कन्नी काटने लग गया है। अब वो टेलीविज़न, कंप्यूटर और मोबाइल की दुनिया में ज़्यादा रहने लगा है। कुछ कहने के पहले ही मान लेने वाला अभिषेक, अब विजय की बातों को नज़रअन्दाज़ करने लग गया है। युवावस्था में आने वाले विद्रोह की पृष्ठभूमि तैयार होने लगी है। अगर विजय अभी भी शांत मन से सोचेगा, तो उसे वो सब दिन याद आ सकते हैं, जब अभिषेक दौड़ कर उसके पास आया था और विजय अपने ऑफ़िस के लैपटॉप पर, घर पर आधिकारिक काम करने में इतना व्यस्त था कि उसने उसको झटक कर दूर कर दिया था। अगर विजय थोड़ा शांत दिमाग से सोचे, तो उसे अभी भी वो सारे दृश्य याद आ सकते हैं, जब घंटों बाद देर शाम को बेटे को पापा के दर्शन हुए थे, और खुशी-खुशी वो पापा को अपने स्कूल में उसका दिन कैसा बीता बताना चाह रहा था, पर विजय तो फ़ोन, कान पर लगाकर ही घर में घुसा था। दूसरे छोर पर उसका कोई जूनियर था जिसे वो कल होने वाली एक महत्त्वपूर्ण मीटिंग के दिशा-निर्देश देने में व्यस्त था। अभी भी विजय के पास वक़्त है कि वो खुद को फ़िल्म 'शक्ति' का दिलीप कुमार और अपने बेटे को फ़िल्म का अमिताभ बच्चन बनने से रोक सके। इस फ़िल्म में बचपन की गलतफ़हमियाँ अमिताभ बच्चन के किरदार में इतनी गहरी पैठ जाती हैं कि बाप-बेटे कभी जीते जी एक नहीं हो पाते।

अगर विजय ने अभी भी एक पिता के रूप में अपनी प्राथमिकता नहीं समझी, तो वो 'मुग़ल-ए-आज़म' का 'ज़िल्ले इलाही' यानी पृथ्वीराज कपूर बन जायेगा और उसका बेटा अभिषेक, 'सलीम' यानी दिलीप कुमार। और फिर एक 'अनारकली' के लिए आपस में जंग होगी। पर अफ़सोस कि यह 'अनारकली' मधुबाला जैसी कोई सुन्दर स्त्री न होकर ड्रग्स, शराब, बुरी संगत, दिशाहीनता या फिर बेसिर-पैर के विद्रोह के कुरूप चेहरे में सामने आयेगी।

मूलतः विजय एक संवेदनशील और समझदार व्यक्ति है। अगर कभी भी कोई उससे पूछता है, या फिर वो कोई ऐसा फ़ॉर्म भरता है जहाँ उससे

पूछा जाता है कि उसके लिए सबसे महत्त्वपूर्ण क्या है? तो वो बिना झिझक कहता / लिखता है—'मेरा परिवार।'

पर विचार और व्यवहार की प्राथमिकताएँ जुदा-जुदा हैं।

प्रसिद्ध लेखक स्टीवन आर. कोवी ने अपनी बहुचर्चित किताब *7 हैबिट्स ऑफ़ हाइली इफ़ेक्टिव पीपल* में टाइम मैनेजमेंट के चार खाने बनाकर समय के अनुसार प्राथमिकता निर्धारित करने की बात की है। ये चार खाने ऐसे हैं—

- अत्यावश्यक और महत्त्वपूर्ण (लगी आग को बुझाने के कार्य जैसा कोई कार्य)

- महत्त्वपूर्ण लेकिन अत्यावश्यक नहीं (समय का उसकी पूरी गुणवत्ता के साथ उपयोग)

- अत्यावश्यक लेकिन महत्त्वपूर्ण नहीं (आपका ध्यानभंग करने वाले कार्य, जैसे फ़ोन, ईमेल और गैरज़रूरी मीटिंग)

- न तो महत्त्वपूर्ण न तो अत्यावश्यक (इन्टरनेट पर समय व्यतीत, सोशल मीडिया और ऐसा कोई भी समय का उपयोग जो आपके महत्त्वपूर्ण कार्य को पीछे धकेल रहा हो)

हम इस संसार में जितने भी रिश्ते बना या निभा पाते हैं, अच्छी योजना बना कर पालन कर पाते हैं, ध्यानपूर्वक लक्ष्य निर्धारित कर उसको हासिल कर पाते हैं, ये सब तभी संभव हो पाता है जब हम उस रिश्ते विशेष या लक्ष्य विशेष को 'दूसरे' नम्बर के खाने में रखते हैं : 'महत्त्वपूर्ण लेकिन अत्यावश्यक नहीं।' अन्यथा यह संभव नहीं हो पाता।

तो विजय अपने दिमाग के किसी कोने में अपने बेटे अभिषेक को महत्त्वपूर्ण तो मानता है पर व्यावहारिक रूप से वो उसको चौथे खाने में रख रहा है जहाँ पर अभी वह न तो अत्यावश्यक है और न ही महत्त्वपूर्ण। अगर यूँ ही चलता रहा, तो एक दिन विजय को एहसास होगा कि उसका बेटा चौथे खाने से उछल कर पहले खाने में पहुँच कर उसके लिए अत्यावश्यक और महत्त्वपूर्ण दोनों बन गया है। या तो उसे कोई बुरी लत लग गयी है या उसकी कोई बुरी संगत हो गयी है या फिर दोनों ही। यानी आग लग गयी है। तो आग लगने के बाद उसे बुझाना न सिर्फ़ अत्यावश्यक है बल्कि महत्त्वपूर्ण

भी। जैसा हमने पहले खाने में देखा। अभी भी समय है कि विजय एक पिता के रूप में अपनी प्राथमिकता तय करे और वैचारिक और व्यावहारिक दोनों रूप में अपने बेटे अभिषेक को दूसरे खाने में रखे।

मैंने जीवन में जो एक बहुत ही अच्छी पंक्ति पढ़ी या सुनी है तो वो यह है—'जो कार्य आपको करना है आप उसे तब कर लें जब वह वैकल्पिक है। उस कार्य को करने के लिए, उस कार्य के अनिवार्य बन जाने की प्रतीक्षा न करें।

कंप्यूटर जी कृपया इस लाइन को लॉक किया जाये—

> *'जीवन में प्रथम आने के लिए, सर्वप्रथम, अपनी प्राथमिकता निर्धारित कीजिये।'*

मुझे जो सही लगता है वो मैं करता हूँ

'मुझे जो सही लगता है वो मैं करता हूँ, फिर चाहे वो समाज के खिलाफ़ हो, पुलिस, कानून के खिलाफ़ हो, भगवान के खिलाफ़ हो या फिर पूरे सिस्टम के खिलाफ़ हो।'

अब यह तो होना ही था। जब मैंने अमिताभ बच्चन जैसे नायक को अपनी किताब का आधार बनाया है तो मुझे इस स्थिति के लिए तैयार रहना ही चाहिए था। कहने का तात्पर्य यह है कि बच्चन जी, जिनका एक नाम 'एंग्री यंग मैन' भी रहा है, और जिन्होंने अधिकतर विद्रोही तेवर वाले व्यक्ति का ही रोल अदा किया है, तो यह स्वाभाविक है कि देर-सबेर हमारा सामना ऐसे किसी संवाद से होना ही था। जो पाठक अभी भी नहीं पहचान पाए कि यह किस फ़िल्म का संवाद है, तो यह सन् 2005 में आई फ़िल्म 'सरकार' से है। इस फ़िल्म में अमिताभ बच्चन ने मुंबई के अघोषित और स्वघोषित राजा, 'सुभाष नागरे' का 'लार्जर देन लाइफ़' किरदार अदा किया था।

अब उनके फ़िल्मी किरदार के हिसाब से तो यह संवाद सटीक था। पर एक प्रेरक किताब में, ऐसे समाज विरोधी, कानून, पुलिस विरोधी और यहाँ तक कि भगवान विरोधी संवाद का क्या काम? अब भगवान तो अपने बच्चों को माफ़ कर देंगे, पर कानून तो माफ़ नहीं करेगा, कानून विरोधी बातें करने पर। अब हममें से जितने भी लोग, जो पुरानी हिन्दी फ़िल्मों के दर्शक हैं, उन्होंने कानून को भले कभी साक्षात् नहीं देखा हो, पर फिर भी, वो कानून के दो शारीरिक लक्षणों से भलीभाँति परिचित होते हैं। पहला तो यह कि कानून अंधा होता है, और दूसरा कि उसके हाथ बहुत लम्बे होते हैं। इतने लम्बे कि आप उससे बच नहीं सकते। 'तो रुपेश बाबू, फिर क्यों कानून से पंगा ले रहे

हैं ?' ऐसा आप सोच और पूछ सकते हैं !

विद्या और ज्ञान की देवी, माँ सरस्वती के वाहन हंस के बारे में यह प्रचलित मान्यता है कि उसे अगर दूध और पानी मिला कर द्रव्य दिया जाये, तो उसमें से वह पानी को अलग कर सिर्फ़ दूध पीने का गुण रखता है। तो ज्ञान की इस किताब में हम भी हंस की वही विशेषता अपनाते हुए, इस विद्रोही संवाद में सिर्फ़ विद्या ढूँढेंगे।

और हम इस संवाद की सिर्फ़ पहली पंक्ति को ग्रहण करेंगे।

'मुझे जो सही लगता है वो मैं करता हूँ।'

हाँ यही वाक्य हमारे इस अध्याय का आधार है। इसे पढ़कर आप समझ गए होंगे कि ये अध्याय हमारे पिछले अध्याय का एक एक्सटेंशन, एक विस्तार है।

आगे बढ़ने से पहले हम फ़ॉर ए चेंज, अमिताभ बच्चन की फ़िल्म का नहीं, बल्कि आमिर खान की एक प्रसिद्ध फ़िल्म का एक दृश्य याद करते हैं। 2009 के अंतिम महीने में आई फ़िल्म 'थ्री ईडियट्स' एक सफल सार्थक फ़िल्म है जो हमारी शिक्षा व्यवस्था पर सवाल करती है और कहती है कि यह व्यवस्था ज्ञान की नहीं बल्कि हमारी स्मरण शक्ति की परीक्षा लेती है। करीना कपूर जब फ़िल्म में आमिर खान से पूछती हैं कि उसके होने वाले मंगेतर को आमिर, गधा क्यों बुला रहे हैं, तो आमिर जवाब देते हैं—'उसे गधा नहीं कहूँ तो और क्या कहूँ, उसने पहले इंजीनियरिंग की फिर एम.बी.ए. किया और अब अमेरिका जाकर बैंक में नौकरी कर रहा है। जब बैंक में ही नौकरी करनी थी तो इंजीनियरिंग क्यों की।'

यह संवाद हम सबने सिनेमा हॉल में सुना उस पर हँसे और फिर शायद भूल गए। क्योंकि अक्सर ऐसे सवाल हम खुद से करने से कतराते हैं, या फिर ऐसा कर सकने की शायद आज़ादी होती नहीं।

जानवरों की दुनिया यकीनन हमसे पिछड़ी हुई है, लेकिन अगर वो अपने बच्चों को बोल सकते, तो क्या श्रीमान हाथी अपने बच्चे से यह बोलते कि 'कितना मोटा है रे तू जल्दी भाग भी नहीं पाता!! वो देख अपने पड़ोसी चीता जी को, उनका लड़का पूरे मोहल्ले में सबसे तेज़ भागता है।' और एक श्रीमती कौवा अपनी लड़की से कहतीं, 'भाग्य फूट गए मेरे, एक तो मेरी लड़की इतनी काली है और दूसरे उसकी आवाज़ कितनी कर्कश है!! ज़रा देख पड़ोसन कोयल

जी की लड़की को, भले रंग उसका भी उतना साफ़ न हो पर आवाज़ कितनी मीठी है।' या फिर हमारी फ़िल्मी दुनिया की प्रिय श्रीमती 'नागिन' (इच्छाधारी) अपने लड़के से यह कहतीं, 'कितना भी दूध पी ले तू नाग पंचमी के दिन, लेकिन कमबख्त मुआ रेंगता ही रहेगा जीवन भर। हम तो कभी उड़ नहीं पाए, सोचा था कि हमारे बच्चे छुएँगे आकाश!!! उस बाजू की कॉलोनी वाली चीलों या गिद्धों की तरह!! लेकिन तू भी रेंग-रेंग कर हमारे सपने को रौंद देगा।'

लेकिन अफ़सोस!! इन जानवरों के पास हमारे जैसे विज्ञान का भंडार नहीं पर सहज ज्ञान है। वो अपनी प्रकृति को पहचानते हैं और उसी के अनुरूप कार्य करते हैं। दूसरा, प्रकृति ने हमको इन सबसे ज़्यादा बड़ा दिमाग दिया है तो हम ज़्यादा सोचते हैं। हमने बहुत से विकल्प विकसित कर लिए हैं। और जैसा हमने पहले भी चर्चा की कि हर सिक्के के दो पहलू होते हैं इसलिए मनुष्यों का बड़ा दिमाग उनकी बड़ी उलझनों का कारक भी बन जाता है। आपको मालूम नहीं कि याद आया या नहीं, पर मुझे आमिर खान की सन् 1995 की फ़िल्म 'रंगीला' का एक गीत याद आ गया—

'क्या करें क्या न करें ये कैसी मुश्किल हाय
कोई तो बता दे इसका हल ओ मेरे भाई'

तो क्या ढर्रे पर चल कर आदमी सफल नहीं होता और गधा साबित होता है? फ़िल्म 'थ्री ईडियट्स' में भी तो वो बैंक कर्मचारी अच्छा-खासा कमा रहा था!! हाँ यह सही है कि ऐसा करने से आप हमेशा असफल नहीं होंगे। यूँ भी होगा, और होता भी है कि हम अपनी डिग्री के बाद एक अच्छी कमाई वाली जॉब पर लग जायें। शादी कर लें और बच्चे पैदा कर लें। इन शॉर्ट, सेटल हो जायें। हालाँकि इस धरती पर आकर कभी कोई पूरी तरह सेटल नहीं होता। पर तमाम आधुनिक विचारधारा, इसी को सेटल होना कहती है, तो मान लेते हैं कि आप भी सेटल हो गए। पर जो भी शिक्षा या नौकरी आपने अपनी प्रकृति के अनुरूप नहीं की है या नहीं कर रहे हैं, वह हर थोड़े अंतराल के बाद आपको कचोटती रहेगी। आपको बीच-बीच में लगेगा 'यार ये करने के लिए तो पैदा नहीं हुए थे!!' लेकिन फिर आपकी नज़र आपकी सैलरी स्लिप पर जायेगी जो ठीक-ठाक है। और फिर आपको आपके घर और कार की ई.एम.आई. की याद आयेगी, जो कि बहुत ज़्यादा है। फिर आपके सामने

आपके बच्चों के चेहरे आ जायेंगे जिनकी उच्च शिक्षा के लिए आपको अभी बहुत से पैसे जोड़ने हैं। तो जो क्रान्तिकारी सवाल, आपके मन में आया था उसको आपका यथार्थ जवाब देकर चुप करा देगा। अपने माँ-बाप की खुशी के लिए जो यात्रा आपने शुरू की थी वो अपने बच्चे के भविष्य के लिए आप जारी रखेंगे। अब इससे क्या फ़र्क पड़ता है कि भगवान ने आपको उड़ने की वायरिंग के साथ तैयार करके भेजा था, पर आप रेंगते हुए ही सही, अपनी यात्रा पूरी करके अपने जीवन और कर्तव्यों की इतिश्री कर लेंगे।

लेकिन अगर फ़र्क पड़ता है, तो समय निकाल के सोचिए कि जो आप वर्तमान में कर रहे हैं क्या वही आप हमेशा करना चाहते थे? हमेशा माँ-बाप दोषी नहीं होते। चूँकि अपने भविष्य के बारे में सोचने जैसा कार्य, आपने स्वयं सही समय पर नहीं किया होता है, इसलिए बाद में आप पछता रहे होते हैं।

लेकिन इस पछतावे से बाहर निकलने का कोई रास्ता होता है क्या?

सन् 2000 के आस-पास तक भारत में अंग्रेज़ी भाषा में प्रकाशित करने वाले प्रकाशक सिर्फ़ शरीर से ही भारतीय थे। आत्मा तो उनकी पूरी ब्रिटिश और अमेरिकी थी। जिस तरीके की अंग्रेज़ी भाषा वो प्रकाशित करते थे, वो काफ़ी जटिल और क्लिष्ट अंग्रेज़ी होती थी जिसको समझने वाले आम भारतीय नहीं थे। इसमें मैं उन लोगों को भी शामिल कर रहा हूँ जिनको उनके माँ-बाप ने काफ़ी खर्च करके अंग्रेज़ी माध्यम से शिक्षा दिलवाई थी। बहुत बड़े स्कूल और कॉलेज गए भारतीय ही उस अंग्रेज़ी को समझ पाते थे।

ठीक उसी वक़्त एक भारतीय, एक विदेशी धरती पर काफ़ी वेतन वाली एक नौकरी कर रहा था। अपनी बुद्धि उसने आई.आई.टी. और आई.आई.एम. जैसे संस्थानों से इंजीनियरिंग और एम.बी.ए. करके साबित कर दी थी। और इन्हीं डिग्रियों ने मिल कर, इस व्यक्ति को ऊँचे वेतन की नौकरी दिलवाई थी। हममें से बहुतों के लिए यह स्थिति किसी जन्नत से कम नहीं होगी। लेकिन इस व्यक्ति को क्योंकि भविष्य में बहुत से लोगों की प्रेरणा बनना था, इसलिए वो अपनी परिस्थिति से पूरी तरह से खुश नहीं था। एक कसक थी उसके अन्दर लेखक बनने की जो रह-रह कर उबाल मार रही थी। एक दिन वह अपने दोस्तों के साथ डिनर करने की योजना में शामिल नहीं हुआ बल्कि घर पर बैठ कर अपनी किताब के पहले कुछ शब्द टाइप किये। चार

साल की अथक मेहनत के बाद वह किताब पूर्ण हो पायी। एक सामान्य जन को भी समझ आ सकने वाली अंग्रेज़ी की किताब ने न सिर्फ़ तहलका मचाया बल्कि हिन्दुस्तान में प्रकाशन का पूरा स्वरूप ही बदल दिया। अब प्रकाशक नए लेखकों पर भरोसा जताने लग गए, आसान भाषा को भी छापने लग गए और साहित्य में मनोरंजन को भी स्थान देने लग गए। अब बहुत ही संभ्रांत साहित्यिक किताबों और चालू लुगदी साहित्य के बीच का एक और वर्ग तैयार हो गया, लोकप्रिय लेखन या कॉमर्शियल लेखन का। उस किताब का नाम था *फ़ाइव पॉइंट समवन* और उस लेखक का नाम है चेतन भगत।

आज चेतन भगत, न सिर्फ़ किताब लिखते हैं बल्कि प्रतिष्ठित अखबारों के लिए कॉलम भी लिखते हैं, वक्ता हैं और फ़िल्म निर्माता भी। ऊँची तनख्वाह की नौकरी करते हुए चेतन भगत पैसा तो कमाते लेकिन इतना सम्मान, प्रसिद्धि कभी नहीं कमा पाते। वह कभी एक क्रांति के झंडाबरदार नहीं बनते। मैं प्रकाशन की दुनिया में आई क्रांति की बात कर रहा हूँ।

लेकिन इस कथा का यह एक ही पहलू है। क्या चेतन भगत ने अपनी पहली किताब के साथ ही अपनी नौकरी छोड़ दी? हरगिज़ नहीं। बल्कि अपनी कुछ किताबों के सफल होने के बाद और एक स्थायी रॉयल्टी के बाद ही यह निर्णय लिया। उनकी उच्च्व शिक्षित और आर्थिक रूप से स्वतंत्र पत्नी का योगदान भी इस निर्णय के पीछे का एक कारक रहा होगा। और हम यह भी याद रखें कि चेतन भगत को असाधारण सफलता मिली, जो बिरले ही लोगों को प्राप्त होती है। आप उनकी कहानी से प्रेरणा तो लें पर उसे शब्दशः कॉपी करने की कोशिश न करें।

तो अगर आपके अन्दर भी एक लेखक कुलबुला रहा हो तो अपनी लगी लगायी नौकरी या व्यवसाय तुरंत मत छोड़िये लिखने के लिए। बल्कि बतौर लेखक, पहले अपने को स्थापित करें। विशेषकर तब जब आप ये क्रान्तिकारी निर्णय अपने जीवन में पत्नी और बच्चे के प्रवेश के बाद ले रहे हैं। अंग्रेज़ी के सफल लेखक अमिश त्रिपाठी ने पहले 3 उपन्यासों की विलक्षण सफलता के बाद अपनी नौकरी छोड़ी। अंग्रेज़ी के ही रवि सुब्रमण्यम और अश्विन सांघी अभी भी क्रमशः अपनी नौकरी और अपना व्यवसाय कर रहे हैं। अब जब अंग्रेज़ी के लेखक इतना सोच समझ के अपने वित्तीय निर्णय ले रहे हैं

तो हिन्दी के लेखकों को तो और भी सोचना पड़ेगा। इससे हिन्दी के लेखकों को कमतर नहीं बताना है। बल्कि इस बात का एहसास दिलाना है कि भारत में अंग्रेज़ी के बाज़ार और हिन्दी के बाज़ार में बहुत बड़ा अंतर है।

तो अपने मन की बात आप सुनें लेकिन जीवन की बाकी सच्चाइयों, विशेषकर आर्थिक सच्चाई को भी नज़रअंदाज़ न करें।

'इस धरती पर आपका समय सीमित है, इसे किसी और का जीवन जीने में नष्ट न करें।'

—स्टीव जॉब्स

ऐसा नहीं है कि यह कशमकश तभी होगी जब आप किसी ऐसे व्यवसाय या नौकरी में उलझ कर रह गए हैं जो आपको करनी नहीं थी। ऐसी उलझन तब भी होती है, जब आप काम तो वही करना चाहते हैं जो आप कर रहे हैं, लेकिन आप दशकों से दोहराए जा रहे ढर्रे पर वो काम नहीं करना चाहते। इस बात को विस्तार से समझाने के लिए मुझे फिर वही शख़्स याद आ रहा है जो इस अध्याय में हमारे साथ-साथ ही चल रहा है—आमिर खान।

आमिर खान ने 1987 में 'कयामत से कयामत तक' जैसी बड़ी सफलता के साथ फ़िल्मी दुनिया में नायक के रूप में प्रवेश किया। अपने पिता और चाचा की 2-3 फ़िल्मों में वो बाल कलाकार के रूप में पहले काम कर चुके थे। उस ज़माने में अभिनेता और अभिनेत्री, बहुत-सी फ़िल्मों में एक साथ अभिनय करते थे। 70 के दशक में भी, शशि कपूर अपनी आर्थिक ज़रूरत के लिए एक साथ दिन में 4 शिफ़्ट कर रहे थे और ढेर सारी फ़िल्में एक साथ कर रहे थे। उनके बड़े भाई राज कपूर उनको 'टैक्सी' कह कर बुलाते थे। इसलिए कि फ़िल्म और रोल कैसा भी हो, पर अगर पैसे मिल रहे हों तो शशि कपूर एक 'टैक्सी' की तरह अपना मीटर चालू कर देते। जब आमिर नायक बन कर आये तब बॉलीवुड पर फूहड़, सतही एक्शन फ़िल्मों का दौर चल रहा था और मेरा मानना है कि गुणवत्ता के हिसाब से, 80 का दशक, फ़िल्मी दुनिया का सबसे कमज़ोर दशक रहा है। लेकिन आमिर की फ़िल्म की सफलता ने रोमांस और मधुर संगीत की याद लोगों को वापस दिला दी। दो साल बाद 1989 में सलमान खान की फ़िल्म 'मैंने प्यार किया' ने इसे और आगे बढ़ाया। वापस आमिर पर आते हुए, तो उनकी फ़िल्म ने दौर ज़रूर बदला हो पर उनकी

कार्यशैली ने प्रारंभ में कुछ भी नहीं बदला। आमिर 8-10 वर्षों तक वैसी ही फ़िल्में करते रहे जैसी कि प्रचलन में थीं, वैसी ही शैली अपनाई जैसी उनके पहले के अभिनेता करते थे। उस समय इंडस्ट्री में ऐसी चीज़ें प्रचलित थीं जैसे एक्टर्स का आनन-फानन में एक सेट से दूसरे सेट पर पहुँचना, सेट पर ही स्क्रिप्ट का तैयार होना और पहली बार अभिनेताओं को मिलना। अभिनेताओं का भी तकरीबन हर रोल में एक जैसा दिखना। और अगर किसी को अपनी पहचान छुपानी हो, तो वह एक पतली सी मूँछ, या फिर एक छोटे से मस्से को लगवा कर भी कर दिया जाता था। हालाँकि दर्शकों को एक सेकेंड भी नहीं लगता था पहचानने में कि यह वही आदमी है।

8-10 वर्ष इस तरह काम करने के बाद आमिर के अन्दर के कलाकार को यह लगा होगा कि 'यार यही सब करने तो फ़िल्म इंडस्ट्री नहीं ज्वाइन की थी।' और फिर उन्होंने एक निर्णय लिया जिसका उस वक़्त लोगों ने खूब मज़ाक उड़ाया। उन पर अपनी बुद्धिमत्ता को ज़्यादा ही गम्भीरता से लेने के तंज कसे गए, तो यह भी कहा गया कि ऐसा करके वो मार्किट से आउट भी हो सकते हैं।

फ़िल्मी दुनिया को शो बिज़नेस भी कहा जाता है। जहाँ दिखते रहना यानी शो होते रहना बहुत महत्त्वपूर्ण होता है। क्योंकि जो दिखता है वही बिकता है। अब ऐसी दुनिया में आमिर ने यह निर्णय लिया कि वो सिर्फ़ एक वक़्त में एक ही फ़िल्म करेंगे। अब उस एक फ़िल्म में कभी 2-3 वर्ष भी लगते हैं। लेकिन आमिर को मालूम था कि वो क्या कर रहे हैं। उनको अपने निर्णय और उसके पीछे की मानसिकता पर भरोसा था। उन्होंने ठान लिया था कि कम काम करना है, पर जो भी करना है वो अच्छा करना है। काम कालजयी श्रेणी का करना है। उन्हें एहसास होगा कि इसके लिए हर फ़िल्म में अपने किरदार में भीतर तक घुसना पड़ेगा, उसके हिसाब से अपनी शरीर रचना में परिवर्तन करना पड़ेगा और इन सबके लिए वक़्त लगेगा। और ऐसा करने पर वो एक वक़्त पर एक ही फ़िल्म कर पायेंगे।

इस निर्णय के अपने जोखिम भी थे। अगर एक बार में एक ही फ़िल्म की और लगातार 2-3 फ़िल्में असफल हो जायें तो व्यक्ति इंडस्ट्री से ही बाहर हो जायेगा। दूसरे नायक, जहाँ ज़्यादा फ़िल्में करके ज़्यादा पैसे कमा रहे हैं उससे भी महरूम होना पड़ेगा। तीसरे, शो बिज़नेस में इतना कम दिखोगे

तो मार्किट वैल्यू भी डाउन होगी। ये सारे जोखिम कोरी कल्पना नहीं, बल्कि यथार्थ में थे। लेकिन यह हुई नकारात्मक सोच। आमिर ने अपने काम पर ध्यान दिया। कम काम किया पर इतना अच्छा किया कि लोग उनके उन किरदारों को आज भी नहीं भूल पाते। बीच में एकाध बार वो असफल भी हुए, पर उन्होंने अपनी कार्यशैली नहीं बदली।

तो जो इंडस्ट्री उनका शुरू में मज़ाक उड़ा रही थी वही आज उनकी कायल है। उनके साथ के बहुत से नायक अब गुणवत्ता के चलते उन्हीं के 'एक वक़्त पर एक फ़िल्म' के फ़ार्मुले का अनुसरण कर रहे हैं। आमिर ने लीक से हट कर सोचने का और कार्य करने का एक जोखिम लिया। लेकिन अव्वल तो उन्होंने यह जोखिम, योजना, तर्क और पूरे आत्मविश्वास से लिया। दूसरा अपनी योजना का अनुसरण प्रारंभिक विरोधों के बाद भी किया इसलिए उनको सफलता भी मिली। उन्होंने सिर्फ़ किसी की देखा-देखी यह काम नहीं किया बल्कि इसलिए किया क्योंकि ऐसा करना उनको सही लगा।

इन्हीं आमिर को एक बार लगा कि लोकप्रिय अवार्डों के वितरण में वो पारदर्शिता और तटस्थता नहीं है जो होनी चाहिए। तो उन्होंने ऐसे अवार्ड फ़ंक्शन में जाना और उन अवाड्र्स को स्वीकार करना बंद कर दिया। जहाँ पर लोग, सम्मान के ऐसे टोकन पाने के लिए कुछ भी करने को तैयार हैं। आमिर अपने निर्णय पर आज भी कायम हैं। हम इस निर्णय के सही-गलत होने पर चर्चा नहीं करेंगे लेकिन आमिर की कहानी से यही सीखने का प्रयास करेंगे कि ज़रूरी नहीं कि दिल की बात सुनना मतलब अपने कार्यक्षेत्र को बदलना। बल्कि स्थापित कार्य-शैली के इतर जाकर कार्य करना भी हो सकता है। आमिर ने अपना पेशा नहीं बदला, लेकिन उस पेशे में व्याप्त एक ढर्रे को अवश्य बदल दिया। उनको बड़ी और स्थायी सफलता इसलिए मिली, क्योंकि उन्होंने दूसरों की नकल करना छोड़ कर उसी वाक्य का अनुसरण किया जो हमारे अध्याय का शीर्षक है—'मुझे जो सही लगता है वो मैं करता हूँ।'

कंप्यूटर जी कृपया इस लाइन को लॉक किया जाये—

> *'स्वयं के प्रति ईमानदार रहिये और खुद को धोखा कभी मत दीजिये।'*

मैं आज भी फेंके हुए पैसे नहीं उठाता

फ़िल्म 'दीवार' इस किताब में छाई हुई-सी है। यह उस फ़िल्म से प्रेरित इस किताब का चौथा अध्याय है। इस फ़िल्म ने 'ज़ंजीर' के बाद बतौर 'एंग्री यंग मैन' अमिताभ बच्चन को स्थापित कर दिया था। उनकी फ़िल्में अक्सर नायक के बचपन से शुरू होती थीं। उसका एक कारण शायद यह भी था कि उनके आक्रोश की नींव अक्सर किरदार के बचपन में ही पड़ जाती थी। वो आक्रोश फ़िल्म भर चलता था और मुंबई फ़िल्म जगत पर उस आक्रोश का जादू तकरीबन दो दशक तक चला। राजेश खन्ना के म्यूज़िकल रोमांटिक दौर के बाद के दो दशक अमिताभ बच्चन के आक्रोश के नाम रहे। ऐसे में, अक्सर उनके बचपन के किरदार निभा रहे बाल कलाकारों को भी, काफ़ी फ़ुटेज मिल जाता था और एकाध लोकप्रिय संवाद भी।

'दीवार' के एक दृश्य में विजय (अमिताभ) बचपन में बूट पॉलिश के अपने काम के बाद फेंकी हुई चिल्लर लेने से यह कहकर इनकार कर देता है कि वो भिखारी नहीं है। इसलिए अगर उसे पैसा देना है तो उसके हाथ में दो। पटकथा लेखक सलीम-जावेद ने यह दृश्य शायद विजय की खुद्दारी को परिभाषित करने के लिए रचा था। बहरहाल डावर (इफ़्तेखार), अपने सहायक—जिसको विजय ने संबोधित किया था—को यह भविष्यवाणी करता है कि जिस लड़के के तेवर बचपन में ऐसे हैं वो ज़रूर बड़ा होकर कुछ बड़ा काम करेगा।

पुरानी फ़िल्मों में अक्सर सारी चीज़ें 'आज से ठीक बीस साल पहले' हुआ करती थीं या फिर 'ठीक बीस साल बाद' हुआ करती थीं। अब मालूम नहीं, 'दीवार' में कितने साल का फ़ासला था, लेकिन विजय के जवान होने

पर, जब डावर उसे उसके काम की पेशगी रुपये का बंडल फेंक के देता है, तो विजय का किरदार उसे याद दिलाता है कि वो वही लड़का है जिससे गैंगस्टर डावर बहुत पहले अपने जूते पॉलिश करवाता था और फिर वह अपना संवाद कहता है—'मैं आज भी फेंके हुए पैसे नहीं उठाता।'

आप शायद अभी सोच रहे होंगे कि यह अध्याय शायद 'खुद्दारी' वाले गुण पर आधारित होगा। लेकिन ऐसा है नहीं। इस संवाद में, मैं कुछ ज़्यादा ही वैसी टाइप की थिंकिंग कर रहा हूँ जिसके लिए अंग्रेज़ी में एक कहावत है—'आउट ऑफ़ द बॉक्स थिंकिंग।'

अब इसका हिन्दी भावार्थ क्या होगा? लीक से हटकर सोचना? नहीं शायद इसका अर्थ होना चाहिए—'अलग पर गूढ़ सोच।'

इस दृश्य और इस संवाद में, मैं यह देखता हूँ कि विजय तब भी अपने मूल और विशिष्ट गुण को नहीं छोड़ता जब ऐसा करना उसके लिए बहुत आसान और लाभदायी होता है। उसको गैंगस्टर डावर एक ऐसे जीवन में प्रवेश करने का न्योता और पेशगी दे रहा है, जो है तो आपराधिक, लेकिन धन और भय प्रेरित सम्मान से भरपूर है। विजय के तेवर दिखाने का एक फल यह भी होता कि डावर का अहम् आहत हो जाता और वो उसे काम पर रखने से इनकार कर देता। जो रकम डावर विजय को दे रहा था वैसी रकम कमाने में एक डॉक यार्ड कुली—जो विजय था—को बरसों लग जाते। शायद कभी कमा भी नहीं पाता। शोषण होता रहता, वो अलग। इन सब जोखिमों के बाद भी, विजय वो काम करता है जो उसका मूल गुण है। समय आने पर वो यह नहीं भूलता कि आखिर इसी गुण ने उसको डावर के सामने खड़ा होने के लायक बनाया है। वह यह भी नहीं भूलता कि इसी गुण ने डावर को मजबूर किया है कि वो एक कुली को अपने गैंग का हिस्सा बनने का ऑफ़र दे।

लेकिन यह क्या? मेरे कानों में कुछ आवाज़ें आ रही हैं इधर-उधर से!! ये आवाज़ें कह रही हैं—

'अब रहने दो रुपेश बाबू!! कितने अनर्थों में अर्थ और अर्थ में अनर्थ निकालोगे? अमां, विजय फ़िल्म का नायक है और फ़िल्म में घटनाएँ तो नायक के पक्ष में ही जायेंगी!! सब सलीम-जावेद साहब की महिमा है जो फ़िल्म के लेखक थे। बस करो यार!!!'

ठीक कहा आपने, घटनाएँ तो नायक के पक्ष में ही जायेंगी चाहे वो रील लाइफ़ हो या रियल लाइफ़ हो। यही मेरा पॉइंट है।

सचिन तेंदुलकर अपनी आत्मकथा *प्लेयिंग इट माई वे* में लिखते हैं कि जब वो बचपन में प्रैक्टिस करके और थक के चूर होकर घर लौटते थे, तो उनके नींद के आगोश में जाने के बाद भी उनकी चाची उनको खाना खिलाती रहतीं ताकि अगले दिन की मेहनत के लिए उनके शरीर में ऊर्जा रहे। वही सचिन 1998 में भी परिश्रम कर रहे थे। ऑस्ट्रेलिया टीम जो कि विश्व की सर्वश्रेष्ठ टीम थी, भारत का दौरा कर रही थी। भारत को 'अपने घर में शेर' होने की छवि की लाज रखनी थी। अगर भारत के पास सचिन थे तो ऑस्ट्रेलिया के पास शेन वार्न जैसा विश्व का सबसे काबिल गेंदबाज़ था। हाँ, शेन वार्न ही ऑस्ट्रेलिया के ब्रह्मास्त्र थे। सचिन और शेन वार्न की प्रतिद्वंद्विता को मीडिया ने भी मिर्च मसाला लगा कर सुर्खियाँ बनाने में कोई कसर नहीं छोड़ी थी और सचिन ने भी इस द्वन्द्व को जीतने की कमर कस ली थी। उन्होंने अभ्यास के लिए वानखेड़े स्टेडियम में पिच को खतरनाक तरीके से खुदवा कर एक कृत्रिम 'रफ़' बनाया और मुंबई के रणजी ट्राफ़ी गेंदबाज़ों को लगातार बोला कि वही गेंदबाज़ी करें। यह सब उन्होंने किया, शेन वार्न की फिरकी का सामना करने की तैयारी के लिए। अंततः सचिन की मेहनत काम आई। भारत 2-1 से सीरीज़ जीता और सचिन मैन ऑफ़ द सीरीज़ बने। इस सीरीज़ में सचिन, वार्न पर भारी पड़े और उसके बाद शारजाह में हुए एक दिवसीय त्रिकोणीय टूर्नामेंट में तो इतने भारी पड़े कि वार्न ने अपना प्रसिद्ध बयान दिया—'मुझे जो सपने आते हैं उसमें भी सचिन मुझे छक्का मारते हैं।'

इसी सचिन को 2007 के विश्वकप हारने के बाद क्रिकेट पंडितों ने खारिज कर दिया। पूर्व ऑस्ट्रेलियाई खिलाड़ी और खेल विशेषज्ञ ईयान चैपल ने तो यहाँ तक कह दिया कि 'अब आगे खेलकर सचिन अपना और अपने देश का समय बर्बाद कर रहे हैं।' लेकिन सचिन ने वो करना जारी रखा जिसने उन्हें क्रिकेट का भगवान बनाया था।

प्रैक्टिस!! प्रैक्टिस!! प्रैक्टिस!!

अभ्यास!! अभ्यास!! अभ्यास!!

कालांतर में सचिन 2011 के विश्वकप विजेता भारतीय टीम का हिस्सा

बने। टीम के युवाओं ने अपनी आदरांजलि स्वरूप उनको अपने कन्धों पर बिठा कर पूरे वानखेड़े स्टेडियम में घुमाया था। एक ऐसा दृश्य जो भारतीय क्रिकेट के प्रशंसक और सचिन के प्रशंसकों की स्मृतियों में अभी तक कैद है। सचिन यहीं नहीं रुके और नवम्बर 2013 तक भारत के लिए खेलते रहे। सचिन, भगवान के अति प्रिय बच्चों में से एक हैं शायद, इसलिए नियति ने उन्हें उनका आखिरी टेस्ट उनके गृहनगर मुंबई में खेलने का अवसर दिया। और भारत सरकार ने उनको सबसे बड़ा नागरिक सम्मान 'भारत रत्न' देने का फ़ैसला किया।

हाँ, मैं सचिन का एक प्रशंसक रहा हूँ, पर ये सब मेरे अन्दर का प्रशंसक नहीं बल्कि इस किताब का लेखक बोल रहा है। इस अध्याय के लिए सचिन का उदाहरण बहुत आवश्यक है। सचिन एक बहुत प्रसिद्ध उदाहरण हैं, लेकिन विचार कीजिये!!! क्या कभी भी कोई ऐसी विधा होती है जिसमें व्यक्ति प्रारंभिक सफलता मिलने के बाद अपने उस गुण को विस्मृत कर देता है, जिसने उसे सफलता दिलाई है? क्या कोई खिलाड़ी प्रथम बार राष्ट्रीय टीम में जगह बनाने के बाद अपने खेल का अभ्यास करना छोड़ देता है? क्या कोई संगीतकार अपनी प्रतिभा से पहले-पहल सुर्खियाँ बनने के बाद अपने रियाज़ से ध्यान हटा लेता है? क्या कोई वैज्ञानिक सिर्फ़ जीवनपर्यंत एक शोधकर्ता नहीं बना रहता?

लेकिन ऐसी प्रतिभा तो शायद कम लोगों के पास होती है। ज़्यादातर लोग तो सिर्फ़ दो ही कामों को अपनी आजीविका बनाते हैं।

या तो नौकरी कर लो।

या तो व्यवसाय कर लो।

तो ऐसे लोग यह करने के पहले तक क्या कर रहे होते हैं? ज़ाहिर है कि स्कूल/ कॉलेज में पढ़ाई कर रहे होंगे। अगर स्नातक को भी न्यूनतम योग्यता मानें, तो अपवादों को छोड़ कर, व्यक्ति 21-22 वर्ष की उम्र में स्नातक हो जाता। पहली कक्षा में व्यक्ति की उम्र ज़्यादातर 6 बरस की होती है, और उसके 2 वर्ष पहले से, यानी तकरीबन 4 वर्ष की उम्र में ही वह स्कूल जाना शुरू कर चुका होता है। इस पूरे अंकगणित का जमा खर्च यह है कि आम भारतीय, जीवन के 18 वर्ष पढ़ने में गुज़ारता है तब जाकर सामान्यतः वह

नौकरी या फिर व्यवसाय में लगता है।

फिर उसके बाद क्या होता है?

उसके बाद, नौकरी, व्यवसाय और जीवन की उलझनों में उलझ कर व्यक्ति हमेशा के लिए पढ़ाई और किताबों की दुनिया से विदा ले लेता है। मतलब जिस ज्ञान व पढ़ाई ने उसे अपनी आजीविका अर्जित करने योग्य बनाया था, उसको वो टा-टा, बाय-बाय कह देता है। इसी समीकरण को खेल की दुनिया से जोड़ा जाये, तो इसके माने यह होंगे कि जो एथलीट एक बार राष्ट्रीय टीम में आ गया वो अपनी अभ्यास की दिनचर्या को तज देगा और सिर्फ़ प्रतियोगिताओं में भाग लेता रहेगा। अगर इस समीकरण को संगीत की विधा से जोड़ा जाये, तो वह व्यक्ति, अपने दैनिक रियाज़ को भूल जायेगा और सिर्फ़ कॉन्सर्ट के समय या फिर गाने की रिकॉर्डिंग के समय गाना गाएगा। लेकिन ऐसा होता नहीं है क्योंकि अगर वो ऐसा करेंगे, और अगर वे गंभीर हैं अपने क्षेत्र में उन्नति के लिए, तो उन्हें ज्ञात होता है कि बिना अभ्यास के उनकी प्रतिभा की धार कुंद पड़ जायेगी।

भले उन्होंने कबीर के दोहे पढ़े हों या न पढ़े हों, भले उन्होंने अमिताभ बच्चन की 'दीवार' देखी हो या न देखी हो। लेकिन उनके अवचेतन में ये दो चीज़ें समाहित रहती हैं—

'करत-करत अभ्यास के जड़मति होत सुजान।' और

'मैं आज भी फेंके हुए पैसे नहीं उठाता।'

वो अपने उस मूल गुण को नहीं भूलते, जिसने उन्हें इस काबिल बनाया कि दुनिया उनकी प्रतिभा का लोहा मान सके। क्योंकि उन्हें मालूम है कि अगर वो यह भूल गए, तो बहुत जल्द दुनिया उन्हें भूल जायेगी।

भारत में प्रकाशन की दुनिया में सबसे ज़्यादा स्कूल/ कॉलेज की किताबें बिकती हैं। लेकिन इस सवा अरब जनता वाले देश की विडम्बना यह है कि कोर्स की किताबों के इतर बाकी किताबें बहुत कम बिकती हैं। अगर किसी लेखक की पहली किताब की 10 हज़ार प्रतियाँ भी बिक जायें तो वो अपने आप को बैस्ट सेलर कह सकता है। हिन्दी का लेखक तो यकीनन कह सकता है। अंग्रेज़ी में चलो इसे 20 हज़ार कर लेते हैं। जी हाँ!! सवा अरब जनता के इस देश में कुछ हज़ार प्रतियाँ ही आपको बैस्ट सेलर बना देती हैं। वहीं, अगर

100 करोड़ की कमाई को किसी फ़िल्म की सफलता का आधार मानें और टिकट का मूल्य औसत 200 रुपये मानें तो 50 लाख लोग एक हिट पिक्चर को देखते हैं। कहाँ 10 हज़ार और कहाँ 50 लाख। अगर मेरे आकलन में आपको कोई अतिशयोक्ति भी नज़र आ रही है, तो वो कितनी बड़ी होगी? 10 हज़ार को मैं 50 हज़ार कर देता हूँ और 50 लाख को 30 लाख। लेकिन फिर भी फ़ासला बहुत बड़ा है।

ऐसा क्यों है?

ऐसा क्यों है कि किताबें बिकती नहीं?

ऐसा क्यों है कि भारत जिसने प्राचीनतम *रामायण* और *महाभारत* जैसे महाकाव्य रचे हैं वो आज पुस्तक प्रेमियों का देश नहीं कहलाता है?

ऐसा क्यों है कि हम 200 रुपये की किताब खरीदने के लिए तो 20 बार सोचते हैं लेकिन पिक्चर देखने के लिए 500 रुपये खर्च करने को सहर्ष तैयार रहते हैं?

क्या इसका दोष हमारी शिक्षा प्रणाली का है जो सभी को एक ही लाठी से हाँकती है? जो हाथी को तेज़ दौड़ने और चीते को रेंगने के लिए कहती है!!! या फिर सभी को एक ही लाठी से हाँकने के कारण हम पर कोर्स की किताबें इस कदर थोपी जाती हैं कि उसके कारण हमें पढ़ाई एक बोझ लगती है। ऐसा बोझ, जिसके सिर से उतरने का रास्ता हम देखते रहते हैं!!!

इस एक किताब के माध्यम से, मुझे ऐसी कोई गलतफ़हमी नहीं है कि मैं कोई शिक्षा व्यवस्था में परिवर्तन की क्रांति लाने वाला हूँ। लेकिन आगे रास्ता क्या है।

मेरा विचार है कि हममें जीवनपर्यंत सीखने की ललक होनी चाहिए। किसी और के फ़ायदे के लिए नहीं बल्कि स्वयं के लिए। कॉर्पोरेट की, कभी-कभी कठोर हो जाने वाली दुनिया में जब बॉस को लगता है कि उसका जूनियर कुछ ज़्यादा ही ढीले तरीके से काम कर रहा है तो उसको धमकी भरे अन्दाज़ में वह अंग्रेजी में कहता है—

'शेप अप और शिप आउट।'

कहने का तात्पर्य यह कि सुधर जाओ नहीं तो बाहर हो जाओ। और अगर नहीं सुधरे तो बाहर कर ही दिए जाओगे। तो उपरोक्त पैराग्राफ़ में मैं

जब सीखने की बात कर रहा था तो मेरा आशय किसी औपचारिक कोर्स में दाखिला लेना और एक नई डिग्री के पीछे भागना कतई नहीं था। हालाँकि वो भी आप करें तो कोई बुराई नहीं। पर मेरा आशय आपको यह बताना था कि जब आप 'शेप अप' होने के लिए सजग होते हो, तो आप नित नई चीज़ें सीखने के लिए और समय के साथ कदम-से-कदम मिलाने के लिए तैयार होते हैं।

अब अगर आप कुछ यह सोच रहे हैं कि 18 वर्ष पढ़ाई को दिए, क्या वो भी एक 70 साल का जीवन बिताने के लिए नाकाफ़ी हैं ? आगे भी पढ़ना पड़ेगा!! बहुत नाइंसाफ़ी है!!

अगर एक शब्द में जवाब दूँ तो मेरा जवाब होगा, 'हाँ।'

इसके पहले कि आप झुंझलाएँ, सिर हिलाएँ या फिर सिर पटकने की तैयारी करें, मैं अपने जवाब में थोड़ा विस्तार का पुट डाल देता हूँ।

ऐसा है कि आपका जो सवाल था उसमें पढ़ाई को बोझ मानने वाला भाव बहुत अधिक था। मजबूरी में कुछ करने का भाव। मेरा आशय थोड़ा अलग है। मैं चाहता हूँ कि जिस भी नौकरी या व्यवसाय को, आपने अपना जीवनसाथी चुना है, उसके बारे में नित नई जानकारियाँ जुटाते रहिये। स्वयं को अप टू डेट और अप ग्रेड करते रहिये। किताबें इसके लिए बहुत अच्छा माध्यम होती हैं।

मैंने अपने व्यक्तिगत अनुभव में यह देखा है कि दो व्यक्ति जो समान डिग्रीधारी होते हैं और एक साथ अपना कॅरियर शुरू करते हैं, ज़रूरी नहीं कि उनकी आधिकारिक यात्रा एक जैसी होती है। कभी-कभी एक व्यक्ति इस रेस में बहुत आगे निकल जाता है। अक्सर वजह यह होती है कि वह व्यक्ति स्वयं पर, समय और पैसा निवेश करता रहता है। नई जानकारियाँ लेकर अपने ज्ञान में वृद्धि करता है। नई स्किल, नए कौशल से अपने आपको लबरेज़ करता है। अच्छी किताबें पढ़कर नेतृत्व गुण विकसित करता है। किताबें पढ़ने से उसकी भाषा और ड्राफ़्टिंग उन्नत होती है जो आधिकारिक कामों के लिए अति आवश्यक है। नित अपने कौशल में वर्धन करने वाला व्यक्ति ज़्यादा बड़ा पद और पैसा अर्जित करता है। दूसरा, जो सालों पहले हासिल की हुई डिग्री के भरोसे बैठा था वो दौड़ में बहुत पीछे छूट जाता है।

आपको यह समझना ज़रूरी है कि डिग्री का काम था आपको आपका

पहला या शुरुआती रोज़गार दिलाना। उसके आगे भी आपको मेहनत करनी है अपने कौशल विकास में। इसलिए भले आप कोई और डिग्री न लें लेकिन स्वाध्याय करते रहिये। स्वाध्याय मेरे हिसाब से सबसे बड़ा अध्ययन है—

- प्रख्यात अमेरिकी साहित्यकार मार्क ट्वेन ने सिर्फ़ 5वीं कक्षा तक पढ़ाई की थी। लेकिन पुस्तकालयों में बैठ कर वो घंटों स्वाध्याय करते थे।
- अमेरिका के अभी तक के सबसे धनवान लोगों में से एक, प्रसिद्ध उद्योगपति जॉन डी. रॉकफ़ेलर ने अपनी स्कूली शिक्षा पूर्ण नहीं की थी। लेकिन उन्होंने बुक कीपिंग का एक कोर्स किया जो उनकी पहली नौकरी और तेल के उनके बहुत बड़े व्यापार दोनों में काम आया। आगे जाकर इन्होंने रॉकफ़ेलर फ़ाउंडेशन के तहत एक यूनिवर्सिटी की नींव रखी।
- अमेरिका के सबसे प्रसिद्ध और सम्मानित राष्ट्रपति अब्राहम लिंकन के पास जितना भी ज्ञान था वो स्वाध्याय से आया था। उनके पास आधिकारिक शिक्षा न के बराबर थी।

मार्क जकरबर्ग, बिल गेट्स जैसे लोगों के साथ यह लिस्ट बढ़ती ही चली जायेगी। सिर्फ़ कोई आधिकारिक डिग्री आपकी सफलता की 'डिग्री' निर्धारित नहीं करती। और जीवन भर विद्यार्थी बने रहने से आशय, इस बात से नहीं कि एक के बाद कोई दूसरा आधिकारिक कोर्स आप करते रहें। बल्कि यह है कि आप अपने क्षेत्र और रुचि से जुड़ा स्वाध्याय जीवनपर्यंत करते रहिये।

जो व्यावसायिक घरों और घरानों में पैदा हुए हैं वो यह सोच या पूछ सकते हैं—'हमारे तो खून में धंधा है। हमारे दादा-परदादा के ज़माने से हम यह व्यवसाय कर रहे हैं। ये 300 पन्नों की किताबें, ये 3 दिन के वर्कशॉप या फिर 3 घंटे के सेमिनार हमें क्या सिखायेंगे कि कैसे धंधा करना है?'

ऐसी बात को मैं अर्धसत्य कहूँगा। आपका पारिवारिक इतिहास वही होगा जो आपने कहा होगा। लेकिन आपके कथन का दूसरा भाग सत्य नहीं है। अब आपका धंधा कितना भी बड़ा क्यों न हो लेकिन कोडक फ़िल्म के व्यवसाय से ज़्यादा तो विस्तृत नहीं होगा। पूरी बीसवीं सदी में इस कम्पनी ने कैमरा और कैमरा रील या फ़िल्म के व्यवसाय पर राज किया। 1976 तक

अमेरिका में 85 प्रतिशत कैमरे और 90 प्रतिशत रील कोडक कम्पनी की हुआ करती थी। और 2012-2013 आते-आते तक हालात यह हो गए कि कम्पनी को दिवालिया घोषित होने के लिए अदालत के दरवाज़े खटखटाने पड़ गए। अपने बहुत से पेटेंट बेचने पड़ गए। वजह सिर्फ़ एक थी कि कम्पनी समय के साथ शेप अप नहीं हो पायी। अपने आस-पास हो रहे परिवर्तनों का स्वाध्याय नहीं कर पायी। 1888 में ली गयी अपनी डिग्री के भरोसे चलती रह गयी। विदित हो कि कम्पनी ने 1888 में अपनी शुरुआत की थी। 100 साल से भी ज़्यादा, चीज़ें उसके पक्ष में रहीं। पर एक वक़्त ऐसा आया जब उसकी नीतियाँ और उसकी तकनीक बासी हो गयी। ज़माना डिजिटल हुआ जा रहा था पर कोडक के उच्चाधिकारी, शायद अपनी पुरानी उपलब्धियों या कहें कि पुरानी डिग्रियों के नशे में ही चूर थे। उनकी पूरी कमाई और साख मटियामेट हो गयी, क्योंकि कोडक समय के साथ 'शेप अप' और 'अप ग्रेड नहीं हो पाई। बदलते समय और तकनीक का स्वाध्याय वो नहीं कर पाए। कोडक का उत्थान, कैमरा जैसी नई तकनीक के उदय के साथ प्रारंभ हुआ, पर जब 100 साल बाद, कैमरा तकनीक डिजिटल की ओर मुड़ी तो पुरानी सफलता के नशे में चूर, कोडक, उस मोड़ को मिस करती हुई तेज़ी से आगे निकल गयी और रास्ते से भटक गयी।

चूँकि मैंने अपने कैरियर के बहुत से वर्ष टेलिकॉम इंडस्ट्री में काम करते हुए गुज़ारे हैं, इसलिए अगली कहानी उसी इंडस्ट्री से। और जैसे मैंने पिछले किसी अध्याय में बताया था कि कैसे मुझे मेरे बॉस कहा करते थे, 'पॉइंट बाई पॉइंट रुपेश, पॉइंट बाई पॉइंट बता।'

1995 : भारत में पहली सेल फ़ोन वार्ता तत्कालीन टेलिकॉम मंत्री सुखराम और पश्चिम बंगाल के मुख्यमंत्री ज्योति बसु के बीच हुई।

1998 : नोकिया 5110 मॉडल। वो भारत का पहला हैंडसेट बनता है जिस पर रिंग टोन है और वो रिंग टोन कौन-सी थी : 'सारे जहाँ से अच्छा...'

2000 : नोकिया के हैंडसेट 3310 पर आज के मोबाइल़ गेम्स का पूर्वज 'स्नेक गेम' खेलना संभव होता है। नोकिया 3210 पर हिन्दी मेनू उपलब्ध होता है।

2001 : नोकिया 7650 पर कैमरा उपलब्ध होता है और स्मार्ट फ़ोन की दिशा में यह पहला कदम है।

2003 में नोकिया 1100 फ़ोन आता है टॉर्च सुविधा के साथ। ये मॉडल, बाज़ार में नोकिया के व्यवसाय को और रौशन करता है।

2004 में नोकिया एन 9500 पहला वाई फ़ाई इनेबल्ड फ़ोन बनता है और नोकिया भारत में हिन्दी एस.एम.एस. की सुविधा उपलब्ध करवाती है।

2006–2007 : नोकिया कम्पनी अब भारत में सफलता के शिखर पर है। उसका मार्किट शेयर 60 प्रतिशत से अधिक है। इसलिए वह भारत में श्रीपेरम्बदूर (तमिलनाडू) में एक उत्पादन यूनिट की स्थापना करती है। कम्पनी एक ठेठ भारतीय मॉडल 'आशा 501' लॉन्च करती है।

2008 : 'एप्पल' भारत में पहला आई फ़ोन पेश करता है। इस वक़्त नोकिया फ़ोन स्मार्ट होते हुए भी एक फ़ोन ही था। विश्व इस बात का बाद में एहसास करने वाला था कि आई फ़ोन के नाम में, है तो एक फ़ोन, लेकिन मूलतः वह एक 'डिवाइस' है। 'एप्पल' का ग्राहकों को स्मार्ट फ़ोन से स्मार्ट डिवाइस की ओर ले जाने वाला यह पहला कदम था।

2008 : माइक्रोमैक्स जैसी भारतीय मोबाइल हैंडसेट कम्पनी का उदय, जो सस्ते फ़ोन बेचने पर यकीन करती है। सैमसंग अपना टच स्क्रीन सेट मार्किट में लाती है। नोकिया को लगता है कि टच तकनीक, ग्राहक को आकर्षित नहीं कर पायेगी।

2009 : एच.टी.सी. अपने एंड्राइड ऑपरेटिंग सिस्टम को मार्किट में लाती है। एप्पल अपने ऑपरेटिंग सिस्टम के साथ पहले से ही है। नोकिया अपने पुराने सिम्बियन सॉफ़्टवेयर को दुरुस्त करने का प्रयत्न कर रही है पर विफल हो रही है। नोकिया को एहसास नहीं पर ग्राहक अब हार्डवेयर से ज़्यादा ध्यान और प्राथमिकता, फ़ोन के सॉफ़्टवेयर को देने लग गए हैं।

2010 : सैमसंग अपना पहला स्मार्ट फ़ोन 'गैलेक्सी एस' मार्किट में लाता है। एप्पल और सैमसंग, नोकिया के हाई एण्ड ग्राहक पर वार कर रहे हैं। नई भारतीय और चीनी कंपनियाँ, सस्ते फ़ोन के ग्राहक, नोकिया से छीन रही हैं। और ग्राहक भी इन कंपनियों के ज़्यादा आसान सॉफ़्टवेयर को पसंद कर रहे हैं।

2011 : नोकिया का मार्किट शेयर गिरकर 32 प्रतिशत पर आ जाता है। कम्पनी माइक्रोसॉफ़्ट के साथ साझेदारी में आती है पर इस प्रक्रिया में 8–10 महीने लग जाते हैं। कम्पनी और पीछे चली जाती है।

2012 : नोकिया का मार्किट शेयर घट कर 20–22 प्रतिशत पर आ गया है। नोकिया अब नम्बर एक नहीं रही। वह स्थान अब सैमसंग के पास है।

2013 : नोकिया का मार्किट शेयर अब 7–9 प्रतिशत है।

2014 : नोकिया को अपना हैंडसेट का व्यवसाय माइक्रोसॉफ़्ट को बेचना पड़ता है।

इस कहानी को हम फलक से फ़र्श तक की कहानी कह सकते हैं। मुझे याद है कि इस सदी के पहले दशक में, हम जब ग्रामीण मार्किट के अपने दौरे किया करते थे, तो रिटेलर हमसे कहते थे कि ब्रांड नोकिया, ग्रामीणों के मन–मस्तिष्क में इस कदर छाया हुआ है कि वह दुकान में आकर यह नहीं कहता है कि—'एक फ़ोन खरीदना है,' बल्कि वह कहता है कि 'एक नोकिया खरीदना है।'

यह ठीक उसी तरह का था जैसे फ़ोटोकॉपी हमारे लिए फ़ोटोकॉपी न होकर एक ज़ेरोक्स कॉपी है। ज़ेरोक्स उस कम्पनी का नाम है जिसने दशकों फ़ोटोकॉपी मशीन के उत्पादन पर एकछत्र राज किया। लेकिन फिर, एक और कम्पनी जो तकनीक के कारण ही प्रसिद्ध, प्रख्यात और पैसे वाली हुई थी वह तकनीक के बदलते स्वरूप को आत्मसात् न करने के कारण मार्किट से बाहर हो गयी। वो अपने मूल गुण यानी तकनीकी नवोन्मेश यानी तकनीकी इनोवेशन को भूल गई।

इन शॉर्ट वो—'फेंके हुए पैसे उठाने लगती है।'

अब भले आपकी जड़ें व्यापार की क्यों न हों लेकिन आपका व्यापार कोडक और नोकिया जितना बड़ा और विस्तृत तो नहीं होगा। तो जब ऐसी कंपनियाँ धूल–धूसरित हो सकती हैं, तो हर वो शख्स हो सकता है जो नई चीज़ें सीखने की लालसा खो देता है। अगर वो शख्स अपने बेसिक्स को भूल जायेगा, यानी वो मूल गुण जिसने उसका विकास किया है, तो उसका पतन होना निश्चित है।

पहले सदियों में कोई वैज्ञानिक या तकनीकी परिवर्तन आता था। 20वीं

सदी में यह दशकों में आने लग गया और आज 21वीं सदी में आलम यह है कि हर साल कुछ-न-कुछ नया हो रहा है। हर व्यवसाय को इनसे फ़र्क पड़ता है। डिपार्टमेंटल स्टोर के आने से भी व्यवसाय प्रभावित हुए और ई-कॉमर्स ने भी व्यवसाय के तरीकों को बदला। अगर पुराने ढर्रे पर ताला लग गया तो नई संभावनाएँ भी उपलब्ध हुईं। लेकिन इन नई संभावनाओं से फ़ायदा उठाने के लिए उनका ज्ञान होना आवश्यक है और ज्ञान पाने का सबसे प्राचीन तरीका है अध्ययन। और जैसा मैंने पहले ही कहा—स्वाध्याय।

क्या किताबें पढ़ना इतना मुश्किल है? अगर यह मान लें कि औसत एक किताब 300 पन्ने की होती है और आप ज़्यादा नहीं सिर्फ़ 10 पन्ने रोज़ पढ़ेंगे। तब भी आप एक महीने में 1 किताब और साल में 12 किताबें पढ़ सकते हैं। आपका ज्ञान, आपकी भाषा पर पकड़, आपकी बुद्धिमत्ता और बौद्धिकता सबका विकास होगा। यही नहीं, यह आपको परिपक्व भी बनाएगी। 12 नहीं तो 5-6 किताबों से तो आप शुरुआत कर ही सकते हैं।

लेकिन इसके लिए आपको 1-2 छोटी-छोटी कुरबानियाँ भी देनी पड़ेंगी। आपको सोशल मीडिया पर नष्ट किये जाने वाले आपके समय में कटौती करनी पड़ेगी। इससे सम्बन्धित कुछ घाटे भी आपको सहने पड़ेंगे। आपसे साईं बाबा या हनुमान जी कुपित हो सकते हैं, क्योंकि आप उन व्हाट्सऐप मैसेजेस को आगे नहीं भेज पायेंगे, जिनको 11 लोगों को भेजने का आदेश, स्वयं प्रभु ने दिया है! आप उस भावना को भी अनुभूत नहीं कर पायेंगे जो उस मैसेज को पाकर मिलती है, जो मैसेज आपने ही 3 दिन पहले उसी शख़्स को दिया था। ऐसे ही कुछ घाटे आपको सहने पड़ेंगे पर हाँ लाभ बहुत सारे होंगे।

हम सब जब छोटे थे, और आप में से कुछ लोग अभी भी होंगे। तो हमारे माता-पिता और शिक्षक यह समझाते थे कि 'बेटा, रोज़ 2 घंटे अगर पढ़ाई पर ध्यान दोगे तो परीक्षा के वक़्त न तो घबराहट होगी और न ही डर से दिल बैठेगा।' इस पर मैं यह कहना चाहता हूँ कि अगर आपने पढ़ने और स्वाध्याय की आदत डाल ली तो आपको जीवन भर कभी घबराहट नहीं होगी। आपकी समझ और परिपक्वता इतनी बढ़ जायेगी कि आप जीवन की हर कठिनाई का मुकाबला शांत चित्त से कर पायेंगे।

'21वीं सदी के अनपढ़ वो नहीं होंगे जो अक्षर पढ़ना-लिखना न जानते

हों, बल्कि वो लोग होंगे जो सीखना, अप्रासंगिक सीख को भूलना और फिर नए सिरे से कुछ नया सीखने के चक्र को चलायमान नहीं रख पायेंगे।'

—एल्विन टौफ़लर

अब हम बिग बी तो नहीं हैं, इसलिए हम अपनी कमर पर हाथ रखकर और ज़रा तेवर दिखाते हुए एक भारी आवाज़ में यह तो नहीं कह पायेंगे कि—'मैं आज भी फेंके हुए पैसे नहीं उठाता।'

लेकिन खुद को, जीवन भर के लिए विद्यार्थी मानते हुए, एक किताब को अपनी बगल में दबाते हुए और विनम्रता से हाथ जोड़कर यह ज़रूर कह सकते हैं—'मैं आज भी पढ़ता हूँ, मैं आज भी खुद को एक विद्यार्थी मानता हूँ, मैं हमेशा नया सीखने और आत्मसात् करने के लिए सहर्ष तैयार रहता हूँ।'

कंप्यूटर जी कृपया इस लाइन को लॉक किया जाये—

> 'जीवनपर्यंत स्वयं को एक विद्यार्थी मानकर स्वाध्याय की आदत संचित करें।'

देवियो और सज्जनो

एक समूह को सम्बोधित करने के लिए, उपरोक्त शीर्षक में दिए ये तीन शब्द, हम हिन्दी भाषी भारतीय न जाने कितने अरसे से उपयोग करते हुए आ रहे हैं। लेकिन इस सदी में, इस आम से हिन्दी सम्बोधन के साथ भी अमिताभ बच्चन ने अपना नाता जोड़ लिया है। अगर आप अभी भी याद नहीं कर पाये तो मैं बताता हूँ। लोकप्रिय गेम शो के.बी.सी. में बच्चन जी अक्सर यही कह कर जनता को सम्बोधित करते हैं।

यह जानकारी तो ठीक है!!! लेकिन इस अध्याय का अभिप्राय क्या है? इस अध्याय के शीर्षक से कुछ अनुमान नहीं हो पा रहा है!!! अगर आप इस उधेड़बुन में हैं तो मैं आपकी सहायता करूँगा। पिछले किसी अध्याय में मैंने कहा था कि 'कौन बनेगा करोड़पति' की सफलता के बाद उसकी देखा-देखी दूसरे चैनलों ने दूसरे फ़िल्मी सितारों के साथ ऐसे ही गेम शो आरम्भ किये थे, लेकिन 1-2 सीज़न से ज़्यादा, वो शो चल नहीं पाए।

क्यों?

अव्वल यह कि अमिताभ बच्चन का कद उन सितारों से काफ़ी बड़ा है। लेकिन यह एक दोयम कारण है। असल कारण है, बच्चन साहब का हॉट सीट पर बैठे प्रतियोगी, सेट पर बैठे प्रतिभागी और अपने टी.वी. सेट के सामने बैठे करोड़ों दर्शकों से तारतम्य बिठा पाना। छोटे-से-छोटे शहर, कस्बे और गाँव से भी आने वाले प्रतिभागी को यह एहसास दिलाना कि वह एक महत्त्वपूर्ण व्यक्ति है। टी.वी. कैमरे के सामने उनको सहज बना पाना। एक आम से मध्यमवर्गीय प्रतियोगी के लिए ऐसा माहौल बनाना जैसे वो अपने ही घर में बैठा हो। और यह सब करने वाला, उन प्रतिभागियों का कोई दोस्त या

रिश्तेदार नहीं था, बल्कि सदी के महानायक थे। बहुत से ऐसे प्रतिभागी उस शो में आते थे, जिन्होंने 70-80 के दशक में अमिताभ बच्चन के सुपर स्टारडम का जलवा देखा था। ऐसे लोगों ने तो सपने में भी नहीं सोचा होगा कि इस सुपर स्टार को कभी वो इतने करीब से देख पायेंगे। कभी उससे हाथ मिला पायेंगे, उसे छू पायेंगे। लेकिन अमिताभ बच्चन, फिर भी ऐसे प्रतिभागियों की आँखों को, उनके खुद के स्टारडम से, चौंधियाने नहीं देते थे।

कैसे?

अंग्रेज़ी और हिन्दी भाषाओं में समान रूप से पकड़ होने के कारण आपस की बातचीत में कोई दुविधा रहती ही नहीं थी। लेकिन यह भी एक दोयम कारण है। सबसे बड़ा कारण है महानायक का व्यवहार, उनकी विनम्रता। सफल लोग अक्सर अपने मूड, अपने अहंकार, अपनी हेकड़ी और रूखे व्यवहार के लिए जाने जाते हैं। खासकर उन लोगों के प्रति, जो पैसे, प्रसिद्धि और सामाजिक स्तर में उनसे छोटे होते हैं। और यहाँ पर, इतना बड़ा सितारा भी ऐसे व्यवहार करता था जैसे वो आपके मित्र या फिर बड़े भाई हों। ऐसा व्यक्तित्व जो आपको छोटा महसूस नहीं होने देता है। जो हरसंभव प्रयास करता है कि लाइट्स और कैमरे की इस चमकीली दुनिया में आप असहज नहीं होने पायें।

अगर आपको कुछ आसान से सवाल का जवाब भी नहीं आ रहा होता, तो वो ऐसा कोई बर्ताव नहीं करते कि आपको अपनी कम बुद्धि का कोई एहसास हो। बल्कि उनकी हर भाव-भंगिमा और वाक्य सिर्फ़ इस पर केन्द्रित होता था कि आपका उत्साहवर्धन कैसे हो।

यही विनम्रता, हमारे इस अध्याय का सार है। इस विनम्रता की खास बात यह है कि सफलता पाने के लिए तो यह ज़रूरी होती ही है लेकिन सफलता पाने के बाद यह थोड़ी ज़्यादा ज़रूरी हो जाती है। इतिहास गवाह है कि कैसे लोगों ने प्रारंभिक सफलता के बाद विनम्रता को तज दिया और कुछ समय बाद सफलता ने उनको तज दिया।

पिछले एक अध्याय में हमने देखा कि बड़ी सफलता अकेले नहीं बल्कि एक टीमवर्क से आती है। अगर आपका स्वभाव विनम्र नहीं है तो आप कभी भी टीम का हिस्सा नहीं बन पायेंगे। इस बात से मेरा तात्पर्य यह है कि आप कभी भी एक अच्छे टीम मेम्बर नहीं बन पाओगे। अगर आप टीम का नेतृत्व

करते हैं और विनम्र नहीं हैं, तो अपनी टीम के लोगों के साथ कभी भी आपका तारतम्य नहीं बैठ पाएगा। आपके पद के भय से तो वह आपके सामने भले ही कुछ न कहें, पर पीठ पीछे आपके बारे में बहुत अच्छी बातें नहीं कही जायेंगी। बात सिर्फ़ आपके बारे में नज़रिये की होती तो भी शायद काम चल जाता, लेकिन इसका सीधा असर आपकी टीम के प्रदर्शन पर पड़ेगा। टीम के लोग सिर्फ़ उतना ही काम करेंगे जितना ज़रूरी होगा।

यहाँ पर मनुष्य और मशीन का एक बहुत बड़ा अंतर समझ में आता है। जिस चीज़ को हम अंग्रेज़ी में 'ह्यूमन एरर' कहते हैं, उसके भी दो पहलू होते हैं। मशीन अपनी प्रोग्रामिंग के अनुसार अपना काम सटीक तरीके से कर देती है। उसमें 'ह्यूमन एरर' की सम्भावना नहीं होती है। मनुष्य कभी भूल वश, कभी खराब मूड की वजह से, तो कभी यथोचित प्रेरणा न होने के कारण अपना उत्तम नहीं दे पाता। ऐसी सारी गलतियों को मशीन के द्वारा मिटाया जा सकता है। लेकिन मशीन में कभी भी आप 'ह्यूमन एंगल' नहीं ला सकते। मशीन उतना ही काम करके देगी जितने के लिए उसकी प्रोग्रामिंग हुई है। लेकिन मनुष्यों में हमने देखा है कि कई बार कमज़ोर सी दिखने वाली या कमज़ोर सी मानी जाने वाली टीम भी उम्मीद से बेहतर कर पाती है। 1983 के वर्ल्डकप में, भारतीय टीम को किसी क्रिकेट पंडित ने कोई चांस नहीं दिया था, लेकिन टीम ने ऐतिहासिक जीत दर्ज की। हाल ही में, 2017 में, महिला क्रिकेट विश्वकप को लेकर किसी में कोई उत्साह नहीं था। लेकिन भारतीय टीम के दमदार प्रदर्शन ने भारत में महिला क्रिकेट को लेकर देशवासियों की सोच ही बदल दी। हमारी टीम फ़ाइनल में पहुँच कर इंग्लैंड से मात्र 9 रनों से हारी। यह टूर्नामेंट, भारतीय महिला क्रिकेट के इतिहास में एक निर्णायक प्रतियोगिता के रूप में जाना जायेगा, जिसने भारत में महिला क्रिकेट की दशा और दिशा दोनों बदल डालीं।

यह सब संभव होता है एक टीम के द्वारा जो उत्साहित और सकारात्मक है। उसके नेता में कोई और बात हो या न हो लेकिन विनम्रता अवश्य होती है। इस एक गुण के अभाव में ही पूरी टीम बिखर सी जाती है।

विनम्रता में मैं एक इंसान को सबसे ऊपर रखता हूँ। वह है सचिन तेंदुलकर। हम जैसे आम जन कभी यह कल्पना भी नहीं कर सकते कि भारत

जैसे देश में फ़िल्म स्टार और क्रिकेट स्टार को किन-किन दबावों से गुज़रना पड़ता है। आपके हर क्रियाकलाप पर मीडिया आँखें गड़ाए बैठा रहता है। मोबाइल फ़ोन में आई क्रांति ने हर एक व्यक्ति के हाथ को कैमरा युक्त बना दिया है। कोई भी, कभी भी, किसी की भी तस्वीर खींच पाता है। ऐसे में प्रसिद्ध लोगों का कोई पल पूरी तरह निजी नहीं हो पाता।

ट्विटर, फ़ेसबुक, न्यूज़ चैनल्स पर आपके हर हाव-भाव और बयान का पोस्टमार्टम किया जाता है। ऐसे माहौल में, स्वयं को हमेशा संयत रख पाना नामुमकिन तो नहीं लेकिन मुश्किल ज़रूर होता है। फिर भी सचिन ने हमेशा अपने आप को संयत और विनम्र रखा है। सचिन ने जब 16 वर्ष की उम्र में अन्तरराष्ट्रीय क्रिकेट में पदार्पण किया, तब वह राष्ट्रीय और अन्तरराष्ट्रीय कौतूहल का विषय बने। 20 वर्ष की उम्र के आते-आते उन पर पूरी टीम, और 100 करोड़ हिन्दुस्तानियों की आशाओं का बोझ आ गया। करीब दो दशक तक उन्होंने सवा अरब हिन्दुस्तानियों की उम्मीदों और आकांक्षाओं का बोझ अकेले सहा।

जिन्होंने 90 का दशक नहीं देखा है, वो इस बात को कभी नहीं समझ पायेंगे कि कैसे एक भारतवासी के लिए, सचिन की ताबड़तोड़ पारियाँ एक मलहम का काम करती थीं। मलहम उस घाव पर जो देश की आर्थिक स्थिति ने लगाया था। आर्थिक स्थिति ऐसी थी कि देश को अपना सोना तक गिरवी रखना पड़ गया था। मलहम उस घाव पर, जो देश की राजनीतिक अफ़रा-तफ़री और यहाँ तक कि लातूर में आये भूकंप दे रहे थे।

खिलाड़ी एक, उस पर उम्मीदें 100 करोड़ की!!! बहुत नाइंसाफ़ी थी!!!

पर सचिन के व्यवहार में कभी भी कड़वाहट नहीं आई। देश के लिए इतना कुछ करने के बाद भी जब कभी एकाध बार वह असफल होते, तो गली-गली दुकान-नुक्कड़ पर, हर वो आदमी जिसने कभी मोहल्ले में भी क्रिकेट नहीं खेला था, यह बताता था कि सचिन को फलाना शॉट न खेल कर कोई दूसरा ही शॉट खेलना था। सचिन, ऐसे मौकों पर भी कभी अपना आपा नहीं खोते थे।

आप में से कुछ लोग ऐसा सोच सकते हैं कि—

'अगर हमें अमिताभ बच्चन और सचिन तेंदुलकर जैसा पैसा और प्रसिद्धि

मिल जायेगी तो हम भी विनम्र हो जायेंगे, नहीं तो कम-से-कम विनम्रता का नाटक तो कर ही लेंगे।'

तो मैं पहले आपके दूसरे विचार पर आता हूँ।

अगर विनम्रता का भाव ओढ़ना और उसका ढोंग करना इतना ही आसान होता तो क्या बात थी। इतिहास ऐसे उदाहरणों से भरा पड़ा है, जब अचानक सफल हुआ व्यक्ति अपनी सफलता को पचा नहीं पाया और सिर्फ़ इसी कारण से उसका पतन हो गया। वो कहते हैं ना कि नम्बर एक बनना तो मुश्किल होता है, पर नम्बर एक पर बने रहना और भी मुश्किल होता है।

हम ज़्यादा दूर नहीं जाते, बल्कि सचिन के बाल सखा विनोद काम्बली की बात करते हैं। मैंने खुद दोनों को विश्व क्रिकेट में पदार्पण करते देखा है। तब दोनों में बहुत ज़्यादा फ़ासला नहीं था। यहाँ तक कि कुछ लोग, काम्बली को सचिन से ज़्यादा प्रतिभाशाली मानते थे। विनोद काम्बली ने, तब टेस्ट क्रिकेट में 2 दोहरे शतक जड़ दिए थे, जबकि सचिन एक भी डबल सेंचुरी नहीं बना पाए थे। लेकिन नई-नई मिली सफलता और समृद्धि के साथ विनोद काम्बली सामंजस्य नहीं बिठा पाए। क्रिकेट की प्रतिभा के दम पर आये ग्लैमर ने उनकी आँखें चौंधिया दीं। धीरे-धीरे उनका प्रदर्शन गिरता चला गया और फिर एक दिन विनोद काम्बली इतिहास बन गए। मैंने पिछले अध्याय में कहा था कि दो समान रूप से प्रतिभाशाली व्यक्ति एक साथ अपना कैरियर शुरू कर सकते हैं पर ज़रूरी नहीं कि उनकी यात्रा एक जैसी हो।

जिस एक गुण ने सचिन को 24 वर्ष तक सुर्खियों में रखा, वह था उनका विनम्र होना। सफलता उनकी कितनी भी ऊँची थी, उन्होंने अपने पाँव ज़मीन पर ही रखे। और जब-जब आलोचकों को जवाब देने की बारी आई, तो न उन्होंने बयानबाज़ी की, न किसी फ़ोटोग्राफ़र का कैमरा तोड़ा, न ही प्रतिद्वंद्वी खिलाड़ी से गाली-गलौज़ की। जब-जब जवाब आया तो बल्ले से ही आया। जब-जब उनकी तरफ़ से कोई बोला, तो उनका बल्ला ही बोला। बड़ी और विलक्षण सफलताएँ कभी अकेले नहीं आतीं। यह हमने टीमवर्क वाले अध्याय में भी देखा था। सचिन के बड़े भाई अजित तेंदुलकर ने, अपना खुद का कैरियर और विवाह जैसी चीज़ें, सिर्फ़ इसलिए हाशिये पर रख दीं ताकि वो अपने छोटे भाई की प्रतिभा को पूरी तरह सँवार सकें। अगर प्रारंभिक

सफलता के बाद ही सचिन में अहम् आ जाता तो शायद भाई-भाई के बीच ही विवाद हो सकता था। अपनी आत्मकथा में सचिन अपने बड़े भाई की तारीफ़ करते नहीं थकते। और यह सबूत है कि उनके बड़े भाई के त्याग का कितना बड़ा योगदान है सचिन की सफलता में।

आपका पहला विचार था कि इतनी समृद्धि के बाद तो किसी को भी विनम्र होना चाहिए!!! 'हमारे पास है ही क्या विनम्र होने के लिए?' अगर आप ऐसा सोच रहे हैं तो मैं एक छोटा-सा आँकड़ा आपको देता हूँ। पूछने पर, गूगल चाचा आपको भी बता देंगे।

- भूख अभी भी मृत्यु का सबसे बड़ा कारण है। एड्स और कैंसर जैसे रोगों का नम्बर इसके बाद आता है।
- दुनिया भर में करीब 820 मिलियन लोग भुखमरी के शिकार हैं। इनमें से करीब एक तिहाई भारत में निवास करते हैं।
- हर साल करीब 25 लाख भारतीय भूख से मरते हैं।
- दुनिया भर में करीब 100 मिलियन लोग बेघ़र हैं। इनमें से 1.77 मिलियन लोग भारत में रहते हैं।
- दुनियाभर में करीब 1 बिलियन लोग, 1 यूएस डॉलर से कम कमाते हैं।
- भारत में 133.5 मिलियन परिवार ऐसे हैं, जो महीने में 5 हज़ार रुपये से कम कमाते हैं।

तो आप यह सोच कर तो खुश होंगे ही कि आप उपरोक्त लिस्ट के किसी भी पॉइंट पर नहीं आते। लेकिन इसी बात क्रो लेकर आपको विनम्र भी होना चाहिए। कम-से-कम हम और आप, जीवन की मूल ज़रूरतों के लिए तो संघर्ष नहीं कर रहे हैं। कम-से-कम इतनी कृपा तो है भगवान की हम पर।

हाँ, अपने पसंदीदा ब्रांड खरीदने के लिए हम लोग ज़रूर वो सेल का बोर्ड लगने का इन्तज़ार करते हैं। कोई लेटेस्ट मोबाइल खरीदने के लिए ज़रूर कम्पनी से मिलने वाले बोनस की प्रतीक्षा करते हैं पर फिर भी हमारी मूलभूत आवश्यकताएँ तो पूरी होती ही हैं।

पिछले वर्ष, यानी 2017 में आई अक्षय कुमार की फ़िल्म 'टॉयलेट : एक प्रेम कथा' ने भारत की एक बहुत ही विकराल समस्या को रेखांकित किया।

कैसे देश की 45 प्रतिशत जनता खुले में शौच जाती है। आज भी यानी 21वीं सदी में भी। उस फ़िल्म के किरदार मोबाइल और फ़ेसबुक का तो उपयोग करते हैं लेकिन शौच खुले में ही जाते हैं। इस समस्या से जूझ रही महिलाओं का तो और भी बुरा हाल है। उन्हें या तो सूरज उगने के पहले नित्य कर्म से निवृत्त होना पड़ता है या फिर सूरज ढलने के बाद। आपको और मुझे, जीवन में शौच को लेकर कभी सोचना पड़ा होगा, तो उसका दायरा सिर्फ़ यह रहा होगा—

'टॉयलेट इंडियन है कि वेस्टर्न है?'

अब आप ही सोचिए, कितना कुछ है, हम सबके पास, आभारी और विनम्र होने के लिए!!

आप में से कुछ लोग ऐसा सोच सकते हैं कि मैं विलक्षण के बजाय सामान्य का उत्सव मना रहा हूँ। ऐसा बिलकुल नहीं है। मनुष्य जब भी आगे बढ़ा है, तो वो अपने से आगे वाले को देख कर बढ़ा है, अपने पीछे वाले को देख कर नहीं। मेरा मत, सिर्फ़ यह है कि अपने से आगे वाले से आप सिर्फ़ प्रेरणा लें, लेकिन परेशानी न लें। 'उसके पास इतना कुछ है और मेरे पास उसके मुकाबले कुछ नहीं,' ऐसी सोच को मैं परेशानी वाली सोच मानता हूँ। और अगर हमारे स्वभाव में विनम्रता है और अगर हम ज़मीन से जुड़े हुए हैं तो हम जीवन में आगे ही बढ़ेंगे, ऊपर ही उठेंगे।

सेलेब्रेटीज़ से दूर मैं आपको ऐसे शख़्स से मिलवाता हूँ जो एक समय में मेरे बॉस रह चुके हैं।

यह बात होगी कोई 2004-2005 की। एक दिन मैं कुछ जल्दी ही ऑफ़िस पहुँच गया। ऑफ़िस के नीचे टहलते-टहलते किसी से फ़ोन पर बात करते हुए अपना समय काट रहा था। उस ज़माने में मोबाइल की दर आज के मुकाबले बहुत ज़्यादा थी पर मोबाइल कम्पनी का कर्मचारी होने की वजह से, हमारे लिए वो सुविधा मुफ़्त थी। और हम सब, यानी मैं और मेरे सहकर्मी, उस सुविधा का दोहन करने में कभी कोई कंजूसी नहीं किया करते थे। तो ऐसी ही किसी कॉल के बीच, मैंने आँख के कोने से देखा कि मेरे समीप एक रिक्शा आकर रुका है। उस ज़माने में, रायपुर में ऑटो रिक्शा कम और मानव संचालित रिक्शा खूब चला करते थे। 'अब कौन सा महत्त्वपूर्ण व्यक्तित्व कभी किसी रिक्शे से उतरा है।' शायद ऐसा ही कुछ विचार, मेरे 27 वर्षीय अवचेतन

मन में रहा होगा और मैंने उस तरफ़, यानी रिक्शे की तरफ़ देखने की कोई ज़हमत नहीं उठाई। कुछ क्षण बाद पीछे से आवाज़ आई, 'गुड मॉर्निंग रुपेश।'

मैं पीछे मुड़ा तो थोड़ा हड़बड़ा गया। उस रिक्शे से छत्तीसगढ़ के ब्रांच हैड और मेरे बॉस प्रदीप चंदा उतर रहे थे। मुझे ज्ञात हुआ कि आज उनकी गाड़ी खराब हो गयी है। वो कम्पनी के खर्चे पर किसी भी महँगी टैक्सी पर आ सकते थे या फिर बॉस होने की वजह से किसी भी अपने कनिष्ठ को गाड़ी लेकर बुलवा सकते थे। लेकिन उन्होंने पैसे और पद दोनों का दुरुपयोग नहीं किया। न ही उनके मन में यह भाव था कि, 'मुझ जैसा बड़े ओहदे वाला व्यक्ति एक मामूली रिक्शे पर कैसे बैठ सकता है।' यह सिर्फ़ एक ही उदाहरण नहीं है। प्रदीप सर ने कभी भी तानाशाही या रूखेपन का कोई व्यवहार अपनी टीम के साथ नहीं किया। यहाँ तक कि टारगेट भी कभी यह बोल कर नहीं देते थे कि 'ये टारगेट है इसको कर लेना, नहीं तो...।' बल्कि वो पूरे आँकड़ों के साथ आपके साथ बैठते थे, मार्किट का हाल और कम्पनी की अपेक्षा आपसे साझा करते थे। फिर जो चर्चा चलती, उसके अंत में हमेशा आप स्वयं ही टारगेट के लिए हामी भरते हुए उठते। उनकी आँकड़ों पर ज़बरदस्त पकड़ थी। और हमारे बुने हुए पूर्वाग्रह, उनके आँकड़ों की ज़मीनी सच्चाई से, हमेशा हार जाया करते थे।

एक वाकया तो मैं कभी नहीं भूल सकता। अक्सर ऑफ़िसों में माहौल ऐसा होता है कि एक जूनियर अपने सीनियर से बड़े गिड़गिड़ाने वाले अन्दाज़ में छुट्टी के लिए आवेदन करता है। मैंने भी प्रदीप सर के साथ वही किया। तब उन्होंने मुझे कुछ ऐसा कहा, जिसे मैं आज तक याद करता हूँ।

'रुपेश मैं तुमको एक समझदार व्यक्ति समझता हूँ। जिस तरह महीने की शुरुआत में तुम सारे गणित लगाने के बाद, पूरे महीने की कार्ययोजना मुझसे साझा करते हो, उसी तरह, किसी महीने छुट्टी चाहिए हो, तो उसकी भी योजना बना कर साझा कर लिया करो। एक ज़िम्मेदार व्यक्ति होने की वजह से तुम्हें मालूम होगा कि तुम कब और कितनी छुट्टी लो ताकि तुम्हारी कार्ययोजना में कोई फ़र्क नहीं पड़े। तो आगे से छुट्टी का आवेदन कर मुझसे स्वीकृति मत माँगना। बस अपनी छुट्टी की योजना मुझसे साझा करना। अब अगर आपके बॉस, आपको इतना स्पेस देंगे काम करने का, तो आप भी, अपनी काबिलियत से आगे जाकर ही उनके लिए उम्मीद से बेहतर प्रदर्शन करोगे। पिछले किसी

पैराग्राफ़ में मैंने जो ह्यूमन एंगल की बात की थी, वो यही था।

तो जिस पेशेवर कॉर्पोरेट दुनिया के लिए, लोग कहते हैं कि बॉस को हमेशा टीम को डरा-धमका के रखना पड़ता है नहीं तो लोग काम नहीं करते। वहीं पर प्रदीप सर जैसे लोग विनम्रता और एक अलग सोच की नई मिसाल पेश करते हैं। और ऐसे लोग, खुद कहीं से पीछे नहीं रह जाते। 2017 से प्रदीप चंदा सफलतापूर्वक आइडिया सेल्युलर के आसाम के सर्किल हैड के रूप में कार्यभार सँभाल रहे हैं।

वापस इस किताब के आधार, बच्चन जी पर आते हुए। उनमें विनम्रता का गुण पहले से ही था पर वह उभर कर शायद 1982 की फ़िल्म 'कुली' के सेट पर हुई दुर्घटना के बाद आया। वह दुर्घटना इतनी गंभीर थी कि एक वक़्त कुछ क्षणों के लिए, चिकित्सीय रूप से उनकी मृत्यु हो चुकी थी। लेकिन जब तक वो बीमार रहे उनके करोड़ों प्रशंसकों ने उनके स्वास्थ्यलाभ के लिए प्रार्थना की। तरह-तरह के व्रत किये और तरह-तरह की मन्नतें माँगीं। इन दुआओं का ही असर था शायद, कि अमिताभ बच्चन बच गए।

कोई और माने या न माने, पर वो हमेशा इस बात को दोहराते हैं कि यह चाहने वालों की दुआओं का ही असर था कि वो जीवित बच सके। आपको विदित हो या न हो लेकिन फ़िल्म 'कुली' का मौलिक अंत यह था कि अमिताभ बच्चन के किरदार की उसमें मृत्यु हो जाती है। लेकिन निर्देशक मनमोहन देसाई ने यह कहकर अंत बदल दिया कि जिस व्यक्ति ने रियल लाइफ़ में मौत को हरा दिया उसे रील लाइफ़ में मरते हुए कैसे दिखा सकता हूँ।

भगवान अपने प्रिय बच्चों को, कभी-कभी भीषण पीड़ा इसलिए देते हैं कि हम जैसे सामान्य जन उस पीड़ा से बिना पीड़ित हुए सीख ले सकें। इस करीब-करीब जानलेवा हादसे ने अमिताभ बच्चन के अन्दर मौजूद विनम्रता को और प्रगाढ़ और प्रचुर बना दिया। और यही घटना हमारे लिए भी संकेत है कि जीवन में कभी भी विनम्रता और आभार का दामन नहीं छोड़ें।

कंप्यूटर जी कृपया इस लाइन को लॉक किया जाये—

> 'सफलता को कायम रखने के लिए विनम्रता का गुण होना अति आवश्यक है।'

मैं और मेरी तन्हाई अक्सर ये बातें करते हैं

'मैं और मेरी तन्हाई अक्सर ये बातें करते हैं
तुम होतीं तो कैसा होता
तुम ये कहतीं तुम वो कहतीं
तुम इस बात पे हैरान होतीं
तुम इस बात पे कितना हँसतीं
तुम होतीं तो ऐसा होता, तुम होतीं तो वैसा होता
मैं और मेरी तन्हाई अक्सर ये बातें करते हैं'

जैसा कि मैंने एक पिछले अध्याय में बताया था कि जावेद अख्तर, जो स्थापित कहानी-पटकथा-संवाद लेखक थे, वो फ़िल्म 'सिलसिला' से एक गीतकार भी बन गए। प्रख्यात शायर जाँ निसार अख्तर के बेटे होने के कारण जो शायरी उनके खून में थी, उसने अपना रंग दिखाना शुरू कर दिया था। उपरोक्त बोल उन्हीं के हैं जिन्हें अमिताभ बच्चन ने खुद अपनी आवाज़ दी है। ये बोल, फ़िल्म के आज तक लोकप्रिय और लता मंगेशकर द्वारा गाये गीत 'ये कहाँ आ गए हम यूँ ही साथ-साथ चलते' का ही एक हिस्सा हैं।

'तन्हाई' शब्द और उपरोक्त बोल किसी आशिक की डायरी का हिस्सा ज़्यादा लगते हैं, और एक मोटिवेशनल किताब का हिस्सा कम लगते हैं। 'अकेलेपन' शब्द में जो नीरसता का भाव निहित है, उसी को, तन्हाई, जो एक समानार्थी शब्द है, रूमानियत का पुट दे देता है।

तो आप उपरोक्त पंक्तियों के, इस किताब में होने पर संशय का भाव तो रख सकते हैं। पर साथ ही इस किताब के 15 अध्याय पढ़ लेने के बाद,

आपको यह विश्वास भी होगा कि आप और हम मिल कर इसमें भी सफलता से जुड़ी कोई सीख ढूँढ़ ही लेंगे।

तो क्या सीख जुड़ी है इस शीर्षक में?

जिस तरह एक प्रेमी अपनी तन्हाई और अकेलेपन में अपनी प्रेमिका के बारे में सोचता है, ठीक उसी तरह एक सफल व्यक्ति ऐसे मौकों पर अपनी सफलता के दायरे को बढ़ाने के बारे में सोचता है। और यह तन्हाई, कोई बेदर्द ज़माने की, थोपी हुई तन्हाई नहीं होती। बल्कि उस व्यक्ति के द्वारा स्वनिर्मित होती है। वह खुद के लिए प्रतिदिन एक नियत समय तय करता है जब वह खुद से बात करेगा।

पाकिस्तान और विश्व के सफलतम क्रिकेट कप्तानों में से एक, इमरान खान के एक साक्षात्कार में दिया हुआ एक वक्तव्य मुझे याद आ रहा है। उनसे जब उनकी सफल कप्तानी का राज़ पूछा गया, तो बहुत-सी चीज़ों के अलावा, उन्होंने एक बात कही थी जो मुझे आज तक याद है। इमरान ने कहा था—

'हम ज़्यादातर असफलताओं का ही विश्लेषण करते हैं कि हमसे चूक कहाँ हुई। लेकिन सफलताओं का हम सिर्फ़ जश्न मनाते हैं उनका विश्लेषण नहीं करते। मैं हमेशा सफलताओं का भी विश्लेषण करता हूँ। यह सोचता हूँ कि अगर कुछ अच्छा हुआ तो क्यों हुआ?

इमरान के शब्द थोड़े अलग हो सकते हैं पर भाव यही था और कितनी सटीक बात है यह!!

ऐसे सभी लोग, जो दीर्घकालीन सफलता को भोगते हैं, वो हमेशा इस बात से अवगत होते हैं कि सफलता उनके साथ-साथ क्यों चल रही है। वो ऐसा क्या कर रहे हैं कि वो सफल हो रहे हैं। इसलिए जब नियति का कालचक्र उनके हिस्से की असफलता लाता है, तो वो उससे घबराते नहीं, वरन् सुधारात्मक उपाय करते हैं, सही दिशा में कदम उठा कर वापस सफलता को अपने प्रति आकर्षित करते हैं।

ऐसा वो इसलिए कर पाते हैं, क्योंकि वो खुद से संवाद करते हैं। अपना आकलन करते हैं। खुद को समय अनुसार शाबाशी या सलाह देते हैं। अमेरिका का एक नाम यू.एस.ए. भी है। यूनाइटेड स्टेट्स ऑफ़ अमेरिका। बहुत से राज्यों को गठित करके एक देश बनाया गया और ऐसा करने में जिन लोगों का

योगदान था, उनमें एक नाम बेंजामिन फ्रेंक्लिन का भी है। उनको आदरांजलि स्वरूप, अमेरिका के 50 डॉलर के नोट पर उनकी तस्वीर अंकित है। उन्होंने स्वयं के लिए एक 13 गुणों की सूची बनाई थी। दैनिक रूप से उन 13 गुणों पर खुद का आकलन करके ये निर्धारित करते थे कि उनका दिन कैसा बीता। उनका यह दृढ़विश्वास था कि जो व्यक्ति खुद की देखभाल या आकलन नहीं कर सकता वो अपने आस-पास के समाज के लिए भी कुछ नहीं कर पायेगा।

और यह सब आप तब ही कर पाओगे जब जागरूक होकर आप स्वयं के लिए समय निकालेंगे। जो भी लक्ष्य आपका है, उस पर यह निर्धारित करेंगे कि आप कहाँ तक पहुँचे। यह सोचना कि आप अपने स्ट्राइक रेट के अनुसार चल रहे हैं कि नहीं? हम सब क्रिकेट प्रेमी यह जानते हैं कि सीमित ओवर के क्रिकेट में लक्ष्य का पीछा करती हुई टीम, लक्ष्य प्राप्ति के लिए बनाने वाले रनों को, प्रति ओवर या प्रति गेंद के हिसाब से निर्धारित करती है। और उन्हें जागरूक रहना पड़ता है कि हम प्रति ओवर कमोबेश उतने रन बना रहे हैं कि नहीं। लेकिन अगर बल्लेबाज़ी करती हुई टीम यह नहीं करती, या कर नहीं पाती, तो अक्सर वो अपने अभियान में असफल हो जाती है। मैच हार जाती है।

यही हमारे साथ होता है जब हम अपने उद्देश्य का पीछा करते हैं। हमने उद्देश्य की परिभाषा एक पिछले अध्याय में तय कर ली थी। पर सिर्फ़ परिभाषा तय करने से परिणाम नहीं आते। उसके लिए उद्देश्य का समय-समय पर आकलन आवश्यक हो जाता है। और यह सब तब होता है, जब आप खुद पर समय का निवेश करेंगे। आप समय-समय पर खुद से पूछेंगे कि 'कहाँ जाना था, कहाँ तक पहुँचे, क्या यह गति सही है और कितना दूर अभी जाना है?' आप और हम, जो लम्बी रोड यात्राएँ करते हैं, तो पहले से ही निश्चित कर लेते हैं कि 9 बजे तक फलानी जगह पहुँच कर चाय-नाश्ता करेंगे, दोपहर 1-2 बजे के करीब फलानी जगह पहुँच कर भोजन करेंगे, शाम को 4 बजे कहाँ पहुँच कर चाय पीयेंगे और रात के खाने तक गंतव्य पर पहुँच पायेंगे क्या? अगर नहीं तो कहाँ पर डिनर करेंगे। जब हम एक दिन की एक यात्रा के लिए ऐसी सूक्ष्म योजना बनाते हैं तो फिर अपनी जीवन रूपी यात्रा के लिए ऐसी योजना क्यों नहीं बनाते? यह प्रश्न आपको स्वयं से करना चाहिए।

ऐसा करने के लिए और योजनाओं का आकलन करने के लिए स्वयं के लिए समय निकालना अति अनिवार्य है।

यहाँ पर मैं भारतीय महिलाओं की बात विशेष रूप से करना चाहूँगा। हमारे सामाजिक ताने-बाने और पुरातन सोच के चलते, अव्वल तो महिलाएँ स्वयं को छोड़ परिवार में बाकी सभी लोगों के लिए अपना समय निकालती हैं। कुछ हमारी सामाजिक संरचना ऐसी हो गयी है कि अक्सर महिलाएँ स्वयं के लिए समय निकालने के साथ एक ग्लानि का भाव जोड़ लेती हैं। जैसे कि वह कोई पाप कर रही हों। कॅरियर की बलि देने की बात तो हमने बहुत सुनी है, लेकिन एक चीज़ जिसको वो सबसे ज़्यादा नज़रअंदाज़ करती हैं वो है उनकी सेहत। सबकी सेहत का ख़यालं रखते-रखते वो अपनी सेहत का ख़याल रखना भूल जाती हैं। खाने-पीने, सोने-उठने का कोई समय निश्चित ही नहीं होता। लेकिन जैसा बेंजामिन फ्रेंक्लिन ने कहा कि अपने आस-पास के लोगों का ख़याल हम तभी रख पायेंगे जब हम स्वयं का ख़याल रखेंगे। दीर्घकाल के लिए दूसरों का ख़याल रखने के लिए खुद की सेहत का दुरुस्त होना ज़रूरी है।

सेहत के विषय को ही अब ज़रा आगे बढ़ाते हैं। एक समय था जब विश्व, बैक्टीरिया यानी जीवाणु नामक राक्षस के रहमोकरम पर रहता था। प्लेग जैसी, जीवाणु जनित महामारियाँ, बहुत उत्पात मचाती रहती थीं। 14वीं शताब्दी में जब यूरोप में यह महामारी फैली थी तो इसने यूरोप की तकरीबन 50 प्रतिशत आबादी का सफ़ाया कर दिया था। कालांतर में चिकित्सीय विज्ञान में हुए विकास के चलते, अब जीवाणु विश्व के लिए उतनी बड़ी समस्या नहीं रहे। आज का मनुष्य, एक दूसरे राक्षस से युद्ध कर रहा है। इस राक्षस का नाम है तनाव।

तनाव और चिन्ता आज की दुनिया के सबसे ज़्यादा व्यापक रोगों के जनक हैं। ऐसे रोग जिनको अंग्रेज़ी में 'लाइफ़ स्टाइल डिजीज़' कहा जाता है। हिन्दी में हम इन्हें जीवनशैली जनित रोग कहेंगे। तो जीवाणु की जगह अब जीवनशैली ने ले ली है। रक्तचाप, मधुमेह और हृदय रोग इस वर्ग की बीमारियों के सबसे प्रचलित राजदूत हैं।

जीवन की आपाधापी, गला काट प्रतिस्पर्धा और बिजली की तेज़ी से

बदल रही इस दुनिया में तनावग्रस्त और चिंतित होने के लिए बहुत से कारण हमारे पास मौजूद हैं। जो तकनीक आज लेटेस्ट कही जाती है, वही 5 वर्ष बाद बासी हो जाती है। जब तक व्यक्ति नवीनतम के साथ कदम–से–कदम मिलाना सीख पाता है, वो नया, पुराना हो जाता है। उपभोक्तावाद के दौर में, जितना कमाओ, कम पड़ जाता है। जनसंख्या विस्फोट से जूझ रहे इस देश में नौकरियाँ हमेशा कम ही रहती हैं और महँगाई डायन हमेशा ज़्यादा ही रहती है। हमारे पास पैसे भले हमेशा कम हों, लेकिन तनावग्रस्त होने और चिन्तित होने के लिए कारण, कभी कम नहीं होते। हमारे पुरखों के पास सुविधा और संसाधन भले कम थे लेकिन उनके पास सुकून हमसे ज़्यादा था। जीवाणु उनके लिए समस्या थे, लेकिन जीवनशैली उनके लिए समस्या नहीं थी। सेहत विशेषज्ञ कहते हैं कि हमारा खान–पान, सूर्य के चक्र के हिसाब से होना चाहिए। चढ़ते सूरज के समय ज़्यादा और ढलते सूरज के वक़्त कम खाना चाहिए। भले मजबूरी में ही सही, लेकिन हमारे पूर्वज इसी चक्र का अनुसरण करते थे। लेकिन जब से एडिसन साहब ने बल्ब का आविष्कार करके रात में भी दिन का उजाला किया है, तब से दिनचर्या गड़बड़ा गयी है। तकनीक अच्छी और बुरी दोनों होती है। ये सब हमारे तकनीक के उपयोग पर निर्भर करता है। विडम्बना यह है कि टी.वी., मोबाइल और कंप्यूटर जैसे तकनीक के प्रचलित राजदूतों के, असमय और असीमित उपयोग भी हमें तनावग्रस्त बनाते हैं।

लेकिन अगर आप अपने लिए, तन्हाई का, हर दिन निर्माण करने की कला सीख जायेंगे तो आप इस तनाव को काफ़ी हद तक कम कर सकते हैं।

तन्हाई में शायर या प्रेमी की तरह आपको भी अपनी प्रेमिका को न सिर्फ़ याद करना है बल्कि उससे एक कदम आगे जाकर अपनी महबूबा के साथ समय भी व्यतीत करना है। यह महबूबा चूँकि आपकी होगी इसलिए उसका रूप आप ही जानोगे। लेकिन, आमतौर पर मैं कहूँ तो, वो पुस्तकें हो सकती हैं, वो चित्रकारी हो सकती है, वो बागवानी हो सकती है या फिर संगीत नामक आपका कोई महबूब हो सकता है। या फिर कोई और ही हो सकता है। कहने का तात्पर्य यह है कि प्रतिदिन, ज़्यादा नहीं, बल्कि न्यूनतम 30 मिनट अपने उस कार्य के साथ बितायें जिसको अंग्रेज़ी में 'हॉबी' कहा जाता है। पढ़ने का शौक है तो किताबें पढ़िये, लिखने का शौक है तो लेखन कीजिये

और कुछ न सूझे तो एक डायरी लिखना ही शुरू कर दीजिये। व्यक्तिगत रूप से, डायरी लेखन को मैं तनाव से दूर रहने का बहुत बड़ा अस्त्र मानता हूँ। अपने सारे विचार, बेबाकी से, आप अपनी डायरी में उड़ेल सकते हैं। यहाँ तक कि अपना गुस्सा भी डायरी में लिख कर खुद को हल्का कर सकते हैं। डायरी कभी पलट कर आपसे कोई सवाल नहीं करेगी। आप हल्का महसूस करोगे वो अलग। लेकिन यह मेरा व्यक्तिगत अनुभव है, आपको सुख किसी और बात में मिल सकता है।

लेकिन एक बात आपको हमेशा ध्यान रखनी है। अगर किसी विधा को आप अपना जुनून मानते हैं, तो उसको सिर्फ़ 'हॉबी' की तरह मत लीजिये। उसमें अपना सर्वस्व उड़ेल दीजिये। अगर आप संगीत में कुछ करना चाहते हैं और यही आपका जुनून है, तो उसको 'हॉबी' के 30 मिनट वाले दायरे में मत बाँधिए। अन्यथा आप उन लोगों में शुमार रहेंगे, जो ऑफ़िस की यदा-कदा होने वाली पार्टियों में चिह्नित किये जाते हैं। कुछ ऐसे—'सर ये राजेश अपना, बहुत अच्छा गाता है। इस पार्टी में एक गाना तो बनता ही है इसका।' या फिर किसी पिकनिक में आपके दोस्त कहेंगे—'कुछ सुना यार राजेश, अरसा हो गया तेरा गाना सुने हुए।'

अगर गायन आपकी 'हॉबी' है तो यह समीकरण ठीक है। लेकिन अगर आप उसे जुनून मानते हैं तो इस दायरे से बाहर आना पड़ेगा। आपको ज़्यादा समय देना पड़ेगा।

आधुनिक तकनीक भी हमारे तनाव का बहुत बड़ा कारण है। पिछले अध्याय में तुलना करने की आदत के लिए एक वाक्य का उपयोग किया था।

'उसकी साड़ी मेरी साड़ी से सफ़ेद कैसे।'

आजकल के युवा इसी भाव को इस दूसरे वाक्य से ज़्यादा समझ पायेंगे।

'उसकी फ़ेसबुक पोस्ट पर लाइक्स और कमेंट्स मेरी फ़ेसबुक पोस्ट पर मिले लाइक्स और कमेंट्स से ज़्यादा कैसे!!!'

हिन्दी के विषय की स्कूली किताबों में, 'अँगूठा दिखाना' मुहावरे का अर्थ : मना कर देना या फिर अभिमानपूर्वक मना कर देना होता है। लेकिन वाह री, फ़ेसबुक और सोशल मीडिया की महिमा!!!! आज हमारी किस पोस्ट को कितने लोगों ने अँगूठा दिखाया है, वही हमारी प्रसन्नता या दुख का

कारण बनता है। जितने ज़्यादा अँगूठे उतनी खुशी का एहसास। लेकिन हम कभी तकनीक से मुँह नहीं मोड़ सकते, हमें कभी तकनीक को नज़रअंदाज़ नहीं करना चाहिए। हमें सिर्फ़ तकनीक का सही उपयोग करने का सहज ज्ञान होना चाहिए। क्योंकि अगर हम तकनीक के साथ नहीं चलेंगे तो पीछे छूट जायेंगे। लेकिन फिर भी हमें तकनीक के साथ वक़्त बिताने का समय और सीमा निर्धारित कर देनी चाहिए।

ज़्यादा नहीं तो हम ये सब तो कर ही सकते हैं, शुरुआत करने के लिए—

- सोने के कम-से-कम 30 मिनट पहले आप सारे यन्त्र, यानी मोबाइल, टी.वी. और लैपटॉप सरीखी चीज़ों का उपयोग करना बंद कर दोगे।
- उठने के बाद कम-से-कम 30 मिनट तक आप उपरोक्त वर्णित या ऐसे किसी भी यन्त्रों का उपयोग नहीं करोगे।
- प्रतिदिन, कोई 1 घंटे का निश्चित समय निर्धारित करोगे, जब आप जागरूक होकर इनका उपयोग नहीं करोगे।

वैज्ञानिक शोध भी यह कहते हैं कि सोते तक मोबाइल और उठने के तुरंत बाद मोबाइल उपयोग करना हमारी तनाव की मात्रा में इजाफ़ा करता है। उपरोक्त अभ्यास से प्रारंभ कीजिये, आपको यकीनन यह लगेगा कि आप कुछ सही काम कर रहे हैं, और फिर आप इनसे दूर रहने की अपनी समय-सीमा बढ़ा भी लेंगे। सोने से पहले कुछ पढ़ें, लेकिन वो पढ़ाई मोबाइल या लैपटॉप पर न होकर कागज़ पर लिखी होनी चाहिए। जितना हम इन यन्त्रों का उपयोग करते हैं उतना तनाव हमारी आँखें भी झेलती हैं। तनाव कम करने के दो और रामबाण हैं—

- दूसरों से अपनी तुलना करना तुरंत प्रभाव से बंद कर दीजिये।
- हर करने वाले काम को तब अंजाम दीजिये जब उसे करना वैकल्पिक हो।

कोई भी दो मनुष्य एक जैसी नियति के साथ इस संसार में नहीं आते। 'जाके पैर न फटी बिवाई, वो क्या जाने पीर पराई।'

इस तुलना वाले खेल की दिक्कत यह होती है कि हम अपने दुख की तुलना दूसरे के सुख के साथ करते हैं। हम अपने सुख के साथ कभी दूसरे के दुख की तुलना नहीं करते और नाहक ही तनावग्रस्त होते हैं। हमेशा याद

रखिये कि जिसने इस मृत्युलोक में एक बार जन्म ले लिया, वो बिना संघर्ष और समस्या के जीवन व्यतीत नहीं कर रहा होगा। उसकी तकलीफ़ें उसकी समस्या, हू-ब-हू आपकी समस्या की तरह नहीं होंगी, पर तकलीफ़ होगी ज़रूर।

रही बात कार्य को तब करने की जब वो वैकल्पिक हो, तो इसका फ़ायदा तब होता है जबकि ऐसा करने से कार्य कभी अनिवार्य नहीं बनता है। जब तक कार्य वैकल्पिक है आप उसे पूरी तन्मयता के साथ सबसे उत्तम तरीके से, अपने हिसाब से अंजाम दे सकते हैं। लेकिन जहाँ वो अनिवार्य बना, उसकी समय सीमा नामक तलवार, आपके सिर पर लटकती रहती है और आप तनावग्रस्त होकर उस कार्य को करते हो।

अगर आप अपनी सेहत का स्वयं ध्यान रखोगे तो कभी भी डॉक्टर को आपके लिए डाइट चार्ट और एक्सरसाइज़ चार्ट की अनिवार्यता तय नहीं करनी पड़ेगी।

यह सब तब ही संभव हो पायेगा जब रोज़ आप अपने लिए एक नियत समय-सीमा की 'तन्हाई' का निर्माण करें। जब प्रतिदिन आप ऐसा करेंगे तो यकीनन अपने लक्ष्य में सफल होंगे। और इस सफलता का राज़ आपके मित्र, आपके परिचित पूछेंगे तो, बच्चन साहब जैसी आवाज़ में न सही, लेकिन आप यह कह पायेंगे—'मैं और मेरी तन्हाई, अक्सर ये बातें करते हैं...!'

कंप्यूटर जी कृपया इस लाइन को लॉक किया जाये—

> *'स्वयं के लिए प्रतिदिन समय निकालें और उस समय का एक रचनात्मक उपयोग कीजिये।'*

दो और दो पाँच

'दो और दो पाँच' 1980 में आई अमिताभ बच्चन और शशि कपूर की जोड़ी वाली एक और फ़िल्म है। इस फ़िल्म में वो भाई नहीं बल्कि प्रतिद्वंद्वी बने थे। लेकिन उनकी प्रतिद्वंद्विता किसी अच्छे काम के लिए न होकर चोरी-चकारी और धोखाधड़ी के कामों में होती है। उनकी आपस की इस लड़ाई में ही हास्य निर्मित होता है और इस फ़िल्म की श्रेणी को आप एक्शन-कॉमेडी कह सकते हैं। यह फ़िल्म अमिताभ बच्चन की लोकप्रियता के शिखर के दिनों की है, तो ज़ाहिर है, इस फ़िल्म ने सफलता का स्वाद चखा। लेकिन यह तो तय है कि इस फ़िल्म के कथानंक से, हम कोई सीख का स्वाद नहीं चख सकते। और इस फ़िल्म का शीर्षक तो स्कूल में हमारे द्वारा पढ़े हुए नियमों की धज्जियाँ उड़ाता हुआ लगता है।

2 जमा 2 तो 4 होने चाहिए, यही सिखाया था टीचर ने हमको!!!
ये 2 और 2 पाँच कैसे हो सकते हैं?

'हुई मुद्दत के 'ग़ालिब' मर गया पर याद आता है
वो हर इक बात पर कहना कि यूँ होता तो क्या होता'

तो जैसे चच्चा ग़ालिब, 'यूँ होता तो क्या होता' के फलसफे की बात कह गए हैं, तो हम भी इसी बात को अपना आधार बनायेंगे। बहुधा यह देखा गया है कि अपराध की दुनिया में बहुत तेज़ और शातिर दिमाग लोग होते हैं। कानून और व्यवस्था को धोखा देने के लिए वो नई-नई तरकीबें निकालते रहते हैं। चोरी और धोखाधड़ी के विषय पर बनी, बच्चन जी की पिक्चर का शीर्षक, शायद इसीलिए ऐसा था।

क्या होता, अगर दो और दो पाँच होता?

लोगों में उत्साहवर्धन और प्रेरणा देने के लिए लिखी इस किताब में हम समाज के दुश्मन और कानून तोड़ने वालों का महिमामंडन तो नहीं करेंगे, लेकिन हाँ, नियम तोड़ने वालों की बात अवश्य करेंगे। अगर आप विचार करेंगे तो विश्व और समाज को नई दिशा वही लोग दे सके हैं, जिन्होंने स्थापित नियम के इतर कोई नई बात कही हो।

- सदियों से स्थापित सौरमंडल के सिद्धांत, कि पृथ्वी पूरे सौरमंडल का केन्द्र है, को कॉपरनिकस और गैलिलियो जैसे वैज्ञानिक, नियमों के विरुद्ध जाकर ही सिद्ध कर पाए।
- सदियों से सेब पेड़ से गिर रहे थे, लेकिन यह न्यूटन ही सोच पाए कि यह गुरुत्वाकर्षण के सिद्धांत के कारण है।

मनुष्य को, प्रकृति ने सभी प्राणियों की अपेक्षा सबसे बड़ा दिमाग दिया है। उसी का नतीजा है कि हमने सबसे पहले आग की खोज की, फिर पहिये का आविष्कार किया। जी हाँ, एक पहिया, यानी चक्का, अपने युग का एक बहुत बड़ा आविष्कार था जिसने मानव जीवन की दशा और दिशा दोनों बदली। फिर दौर आया औद्योगिक क्रांति और बिजली के आविष्कार का। बाबाआदम के सेब से लेकर, फिर न्यूटन के सेब से लेकर स्टीव जॉब्स के सेब यानी 'एप्पल' कम्पनी तक इस दुनिया ने बहुत-सा परिवर्तन देखा है। यह मनुष्य की इसी सोच का नतीजा था कि 'यूँ होता तो क्या होता।'

लेकिन घबराइए नहीं, इस अध्याय को हम विज्ञान के बोरिंग लेक्चर में तब्दील नहीं होने देंगे।

केविन सिसटोर्म नामक व्यक्ति बहुत समय से एक ऐसा 'ऐप' विकसित करना चाह रहे थे जो एक 'लोकेशन शेयरिंग ऐप' हो। लेकिन वह सफल नहीं हो रहे थे। फिर उन्होंने अपना नज़रिया और सोच की दिशा बदली और स्वयं से पूछा, 'क्यों न एक आसान सा फ़ोटो शेयरिंग ऐप यानी तस्वीरें साझा करने वाला ऐप विकसित करें। उस सोच का नतीजा है 'इन्स्टाग्राम'।

'यूँ होता तो क्या होता।'

तो ऐसी सोच जिसे अंग्रेज़ी में 'आउट ऑफ़ द बॉक्स थिंकिंग' कहा जाता है, हम उसे 'रचनात्मकता' का नाम देंगे।

‘अगर आप हमेशा वह करोगे जो आपने हमेशा किया है। तो आपको वही मिलेगा जो आपको हमेशा मिला है।’

—मार्क ट्वेन

विज्ञान और तकनीक की दुनिया से दूर, चलिए खेल की दुनिया की बात करते हैं। मैं 80 और 90 के दशक में बड़ा हुआ। मैंने क्रिकेट टीम में सैय्यद किरमानी को भी विकेट कीपिंग करते हुए देखा है। आज भी उस ज़माने के क्रिकेटर, कमेन्ट्री बॉक्स में बैठ कर याद करते हैं कि कितनी खूबसूरत हुआ करती थी उनकी कीपिंग। कैसे वो बॉल को पकड़ कर अपने हाथ के स्विंग को पूरा करते थे। यह दृश्य, वाकई, कीपिंग की कला को खूबसूरती का पुट देता है। लेकिन अब हम धोनी की कीपिंग की दुनिया में आते हैं। हम और आपने देखा है कि कैसे वो गेंद को पकड़ने के साथ ही स्टंप्स उखाड़ने में यकीन रखते हैं। क्रिकेट के कोच और कोचिंग की किताबें कुछ भी सिखाती रहीं, लेकिन उनके लिए विकेट कीपिंग का कारगर होना, उसके खूबसूरत होने से ज़्यादा महत्त्वपूर्ण है। इसलिए वह 1–2 सेकंड के कीमती समय को भी नष्ट नहीं करते, अपने हाथ के स्विंग को पूर्ण करने के लिए। और जब इस तरह वो कोई रन आउट या स्टंप कर देते हैं, तो खेल प्रेमी और कमेंटेटर उनकी तारीफ़ करते नहीं थकते। यह भी एक रचनात्मकता का ही उदाहरण है।

‘यूँ होता तो क्या होता?’

क्रिकेट की ही बात को थोड़ा और आगे बढ़ाते हुए, सचिन के उदय के पहले, बल्लेबाज़ अधिकतर बल्ले को उसके हत्थे के ऊपरी भाग से पकड़ते थे। कोच और कोचिंग की किताबें भी यही सिखाती थीं। लेकिन सचिन की सफलता ने जैसे ‘बॉटम हैण्ड ग्रिप’—यानी बल्ले को हत्थे के निचले भाग से पकड़ना—को प्रचलित बना दिया। ज़रूरी नहीं कि हम चीज़ों को हमेशा वैसा ही करते रहें, जैसा हमेशा से हमारे पहले लोग करते आये हैं। विज्ञान कहता है कि हम अपने मस्तिष्क का अभी भी बहुत कम हिस्सा उपयोग करना सीख पाए हैं। कोई संदेह नहीं कि अक्सर सफल लोग वही होते हैं, जो दिमाग को ज़्यादा या फिर अलग तरीके से उपयोग करते हैं। अपनी कल्पनाशीलता को काम में लाते हैं।

क्या रचनात्मकता नैसर्गिक होती है या उसे विकसित किया जा सकता है?

शुभ समाचार यह है कि हम रचनात्मकता को विकसित और व्यापक कर सकते हैं। और इसके लिए कोई बहुत बड़ा या कठिन कार्य नहीं करना होता है। शोध कहते हैं कि बहुत छोटी-छोटी चीज़ें हमारी रचनात्मकता को बढ़ाती हैं।

- नियमित व्यायाम तनाव कम करता है और रचनात्मकता बढ़ाता है।
- किताबें पढ़ने से रचनात्मकता बढ़ती है।
- स्वनिर्मित तन्हाई, जिसका ज़िक्र हमने पिछले अध्याय में किया था, वो भी रचनात्मकता बढ़ाती है। यह एक ऐसा समय होता है, जब हम जागरूक होकर सिर्फ़ कुछ रचनात्मक सोचते हैं।
- जब हम स्वयं अपने हाथों से, चित्रकारी, बुनाई या फिर मिट्टी से कुछ भी बनाते हैं तो वो भी हमारी रचनात्मकता में वृद्धि करता है।
- एक समस्या के लिए बहुत से समाधान सोचने की आदत को विकसित करना भी हमारी सहायता करेगा।
- नियमित और जागरूक होकर लम्बी पदयात्रा करना भी रचनात्मकता बढ़ाने में कारगर होती है।
- अपने विचारों और सोच को दैनिक रूप से एक डायरी में उतारना भी हमको ज़्यादा रचनात्मक बनाता है।

यह लिस्ट और भी लंबी हो सकती है। हर व्यक्ति को अलग-अलग चीज़ों से प्रेरणा मिलती है। मुझे लगता है कि मेरे अन्दर जो भी थोड़ी बहुत रचनात्मकता है, वो मेरे किताबें पढ़ने और लिखने के शौक का नतीजा है। आप के लिए कोई और चीज़ कारगर हो सकती है।

इस अध्याय को आप पिछले अध्याय का विस्तार भी कह सकते हैं, जहाँ हमने स्वयं के लिए समय निकालने की बात कही थी। तो जब आप समय निकालेंगे और फिर उसका सदुपयोग करेंगे तो ज़ाहिर है कि आपके व्यक्तित्व का विकास होगा। व्यक्तित्व विकसित होगा तो आपकी सफलता पाने की उम्मीद भी बढ़ेगी।

उपरोक्त बातों में एक, पॉइंट नम्बर 3 है, जो सिर्फ़ सोचने के लिए समय निकालने की बात करता है। उससे मुझे एक बात याद आ रही है। जब मैं 23-24 वर्ष का था, हमारी कम्पनी के सबसे बड़े अधिकारी, जो मध्य प्रदेश और छत्तीसगढ़ राज्य के प्रमुख थे, वो एक बहुत ही तूफ़ानी दौरे पर

थे। लेकिन वो ज़्यादा-से-ज़्यादा कर्मचारियों के साथ अलग-अलग बैठ कर, उनका और कार्यालय का हालचाल जानना भी चाह रहे थे। बहुत से लोगों को अलग-अलग समय पर उनसे मिलने उनके होटल जाना था। जब मेरी बारी आई तो उनकी कोई अत्यावश्यक फ़ोन कॉल आ गयी, जिसमें उनका आधा घंटा व्यतीत हो गया। जितने भी बड़े लोग होते हैं, वो माफ़ी माँगने में कभी कंजूसी नहीं करते। तो मुझसे माफ़ी माँगते हुए उन्होंने कहा कि तुम्हारा आधा घंटा नष्ट हो गया मेरा इन्तज़ार करते-करते, बहुत थक गए होगे तुम। मैंने भी उनको इम्प्रेस करने के लिए ये बोल दिया कि 'सर ऑफ़िस में होता तो काम कर रहा होता, तब ज़्यादा थकता। अभी तो मैं बैठकर सिर्फ़ आपका इन्तज़ार कर रहा था।' तब उन्होंने जो कहा, वो मैं आज तक नहीं भूला, उन्होंने कहा, 'रुपेश, अगर जीवन में आगे बढ़ना है तो कभी भी सिर्फ़ बैठे मत रहा करो, बल्कि हमेशा कुछ-न-कुछ सकारात्मक और रचनात्मक सोचते रहा करो।'

बचपन में मुझे हमेशा यह बात अजीब लगती थी कि मेहनत तो मज़दूर ज़्यादा करता है लेकिन कमाने वाले, या तो ऑफ़िस में बैठते हैं या फिर दुकान पर। बड़े होकर ज्ञात हुआ कि व्यक्ति की जो कीमत होती है, वह उसके शारीरिक बल की नहीं बल्कि मस्तिष्क के बल की होती है। और कहते हैं न कि मस्तिष्क, मांसपेशी और स्मृति को जितना उपयोग में लाओगे वह उतने ही मज़बूत होंगे। स्मरण कीजिये, मो़बाइल के आने से पहले, कैसे हमें, हर उस आम या खास का टेलीफ़ोन नम्बर याद रहता था जिसको हम ज़्यादा फ़ोन लगाया करते थे। मोबाइल में नम्बर सेव करने का विकल्प आ गया। हमने अपनी स्मरणशक्ति का उपयोग करना बंद कर दिया। उसकी धार कुंद पड़ गयी। अब तो आलम यह है कि हमको एक ही घर में रहने वाले सदस्यों का भी नम्बर, कभी-कभी याद नहीं रहता। क्योंकि याद रखने के काम को हमने मोबाइल जैसे यंत्रों को आउटसोर्स कर दिया है। इसलिए सोच की धार को कभी कुंद मत पड़ने दीजिये। और रचनात्मकता की खास बात यह है कि यह भी ज़्यादा उपयोग करने से घटती नहीं बल्कि बढ़ती है। तर्क का दायरा सीमित होता है पर सोच और कल्पना का दायरा असीमित होता है।

'जहाँ न पहुँचे रवि वहाँ पहुँचे कवि।'

कहने वाले बहुत पहले कह गए कि सूर्य की रौशनी भी जहाँ पहुँच नहीं

पाती, मनुष्य की कल्पना कुछ क्षणों में वहाँ पहुँच जाती है।

ऐसा नहीं है कि वैज्ञानिक, क्रिकेट खिलाड़ी या सेलेब्रिटी ही इस रचनात्मकता या क्रिएटिविटी का पेटेंट रखते हैं। हम जैसे साधारण जन भी इसकी ताकत रखते हैं। यह मत सोचिए कि कविता और सिनेमा की रूमानियत ही रचनात्मकता का पेटेंट अपने पास रखती है। हम और आप जैसे लोग जो अति साधारण से माहौल में अति साधारण सी नौकरी कर रहे हैं, वे भी इस क्रिएटिविटी को आत्मसात् कर सकते हैं।

अगर मैं आपसे पूछूँ कि कौन-सी नौकरी या काम, आपको रचनात्मक होने का अवसर देता है?

आपने मन में जो भी जवाब सोचा होगा, लेकिन, वो एक ट्रैफ़िक कांस्टेबल की नौकरी तो बिलकुल नहीं होगी। और यह मैं दावे के साथ कह सकता हूँ। ट्रैफ़िक हवलदार, यानी दिन भर पहाड़ों से भी ज़्यादा पुराने दिशा-निर्देशों को, राहगीरों को, अपने हाथों और मुँह में दबी सीटी के द्वारा देने वाला व्यक्ति। उसको मिलता क्या है? गाड़ियों में से निकलता हुआ धुआँ रूपी प्रदूषण। उस धुएँ को आप भारत की धूप और धूल की चाशनी में डुबा दीजिये। उसके उपरांत, आप उस पर, भारत के गर्म मौसम का वर्क भी चढ़ा दीजिये। अब जो सामग्री आपके हाथ में आयेगी वो मीठी तो कतई नहीं कही जायेगी। अरे, एक चीज़ तो मैं भूल ही गया!!! हम तो उस देश के वासी हैं जहाँ पर लोग ट्रैफ़िक के नियम को धता बताने में अपनी शान समझते हैं। और लाल सिग्नल तोड़ कर या फिर अपने दुपहिया पर ट्रिपल सवारी बैठा कर खुद को हीरो समझने का शौक रखते हैं। तो पूरे प्रकरण का जमा खर्च यह है कि ट्रैफ़िक कांस्टेबल का काम, आपकी रचनात्मकता प्रदर्शित करने वाले कामों की सूची में तो होगा नहीं।

लेकिन ऐसा आप तभी तक सोचेंगे, जब तक आप रणजीत सिंह नाम के एक शख़्स से परिचित नहीं हैं। यह महाशय मध्य प्रदेश की वित्तीय राजधानी इंदौर शहर में, चौराहों पर एक ट्रैफ़िक पुलिस के रूप में देखे जाते हैं। तो जनाब ऐसा क्या करते हैं कि हम उनका ज़िक्र यहाँ कर रहे हैं? खुद को अपनी साधारण-सी नौकरी की बोरियत से बचाने के लिए, और आने-जाने वालों के चेहरे पर खुशी लाने के लिए वो 'मूनवॉक' करते हैं। जी हाँ!! सही

पढ़ा आपने, 'मूनवॉक', माइकल जैक्सन का एक प्रसिद्ध डांस स्टैप। इसके अलावा वह काम करते-करते और भी नृत्य के स्टैप करते हैं। ऐसा करने से उन्हें कोई पदोन्नति या पैसा भले न मिला हो, लेकिन वो एक सोशल मीडिया स्टार और अपने कनिष्ठों के आदर्श ज़रूर बन गए हैं। उनके जूनियर अब उनकी देखा-देखी डांस को अपनी नौकरी के दिशा-निर्देश के साथ मिला कर कर रहे हैं। वही दिशा-निर्देश जो यंत्रवत तरीके से ट्रैफ़िक पुलिस को करने पड़ते हैं और अब आलम यह है कि जब भी कोई फ़िल्मी सितारा इंदौर आता है, अपनी फ़िल्म के प्रमोशन के लिए, तो वो रणजीत सिंह के साथ नृत्य ज़रूर करता है।

तो अपनी अलग और रचनात्मक सोच से, रणजीत सिंह ने एक बोरिंग से लगने वाले काम को भी रोचक बना दिया है। क्या ऐसा संभव है कि भविष्य में किसी दिन ट्रैफ़िक पुलिस के लिए नृत्य करना अनिवार्य कर दिया जायेगा? हाँ, मुझे मालूम है कि मैं कुछ ज़्यादा ही 'आउट ऑफ़ द बॉक्स' सोच रहा हूँ। लेकिन रचनात्मक होने की दिशा में यह मेरा एक प्रयास था।

कंप्यूटर जी कृपया इस लाइन को लॉक किया जाये—

'अपनी सोच को 'यूँ होता तो क्या होता' की दिशा में अग्रसर रखिए।'

इंग्लिश इज़ ए फ़न्नी लैंग्वेज

कहते हैं कि पिक्चर का अगर अंत अच्छा हो, तो व्यक्ति बीच की गुज़री कुछ बोझिल-सी रीलों को भूल कर, हँसी-खुशी थियेटर से बाहर निकलता है। और बाहर आकर पिक्चर के बारे में सकारात्मक समीक्षा देता है। कुछ ऐसा ही विषय इस किताब के अंतिम अध्याय के साथ है। हिन्दी में लिखी गयी एक प्रेरक किताब के लिए इससे अच्छा विषय, अंतिम अध्याय के लिए, कोई और हो ही नहीं सकता था!!!

पर क्या है इस अध्याय का विषय?

हमारे महान देश की कुछ महान त्रासदियाँ भी रही हैं। उसी क्रम में एक समकालीन त्रासदी यह है कि हमने अंग्रेज़ी भाषा के ज्ञान को, भाषाई ज्ञान से बहुत ऊपर उठाकर, उसे बुद्धिमत्ता और बौद्धिकता का मापदंड बना दिया है। ज़्यादा पुरानी बात नहीं है जब शाहरुख खान का कॉलेज एडमीशन फ़ॉर्म वायरल हो गया था और उस पर ट्विटर पर उन्हें बहुत ट्रोल किया गया था। वजह यह थी कि सारे विषयों में से उनके सबसे कम अंक अंग्रेज़ी की परीक्षा में आये थे। ये ट्रोलिंग भी अंग्रेज़ी के श्रेष्ठ होने की हमारी मानसिकता का ही द्योतक है। साल 2017 में अंग्रेज़ी और हिन्दी की खाई की चर्चा करती एक बहुत ही रोचक फ़िल्म आई थी। उस फ़िल्म का नाम था 'हिन्दी मीडियम'। उस फ़िल्म की नायिका ने फ़िल्म में एक संवाद कहा था।

'हमारे देश में इंग्लिश एक भाषा नहीं बल्कि एक क्लास है।' यह सही भी है। हमारे ही देश में, जब कोई वर्ग विशेष, किसी व्यक्ति को कम पढ़ा-लिखा बताना चाहता है, तो वो उसके लिए 'हिन्दी मीडियम' शब्द का उपयोग करता है। इस शब्द में तिरस्कार का भाव निहित होता है। मेरे और आप में से

बहुतों के लिए हिन्दी, भारत की आधिकारिक भाषा होने के साथ-साथ हमारी मातृभाषा भी है। और यह भी एक विडम्बना है कि अंग्रेज़ी भी भारत की आधिकारिक भाषा है। तो इस तराजू में दोनों बराबर हो गए। लेकिन अंग्रेज़ी साथ-साथ में 'महारानी की भाषा' भी है। विदित हो कि अंग्रेज़ी के लिए 'क्वीन'स लैंग्वेज' शब्द का प्रयोग भी होता है। अब जब हमारी मध्यमवर्गीय माँ को, महारानी के साथ तौला जाता है, तो वो महारानी के रसूख के आगे कहीं टिक नहीं पाती। और यही आज के भारत की सच्चाई है।

अमिताभ बच्चन दोनों भाषाओं पर ज़बरदस्त पकड़ रखते हैं और आम जनता से शायद इसीलिए सीधे संवाद कर पाते हैं। उन्हीं का बोला एक संवाद इस अध्याय का शीर्षक है। जब भी उनके हास्य दृश्यों की चर्चा होगी, तो फ़िल्म 'नमक हलाल' के इस दृश्य को याद किये बिना वो चर्चा अधूरी रह जायेगी।

कुछ याद आया आपको?

'यु सी सर, आई कैन टाक इंग्लिश, आई कैन वाक इंग्लिश, आई कैन लाफ़ इंग्लिश बिकॉज़ इंग्लिश इज़ ए फ़न्नी लैंग्वेज।'

अंग्रेज़ी के जानकार ये समझ गए होंगे कि इस किरदार को अंग्रेज़ी बोलनी आती नहीं। और यह सही भी है। अमिताभ बच्चन का किरदार, फ़िल्म 'नमक हलाल' में एक पाँच सितारा होटल में नौकरी माँगने आया है और उस होटल के मैनेजर को वो अंग्रेज़ी के अपने ज्ञान से प्रभावित करना चाह रहा है। सिनेमा हॉल में बैठा दर्शक उस किरदार के अंग्रेज़ी के अल्प ज्ञान को देख कर हँसी से लोट-पोट होता है।

अब यह तो एक फ़िल्म थी। फ़िल्म में अमिताभ बच्चन की कॉमेडी खूब चली और 'नमक हलाल' 1982 की सबसे ज़्यादा कमाई वाली फ़िल्मों में एक बन गयी। लेकिन असल ज़िन्दगी में हम, अगर कभी गलती से भी अंग्रेज़ी का गलत उच्चारण कर देते हैं तो सुनने वाला व्यक्ति खुशी से नहीं लेकिन व्यंग्य के भाव से हँसता है। हमारे देश की एक और विडम्बना यह है कि कमज़ोर अंग्रेज़ी वाले की गाड़ी ज़्यादा नहीं बल्कि अपेक्षाकृत कम चलती है। अनेकता में एकता वाले इस देश की एक और खूबी यह है कि देसी हिन्दी, देशवासियों की प्रथम या द्वितीय भाषा भले न हो, पर विदेशी अंग्रेज़ी, अधिकांशतः लोगों की द्वितीय भाषा ज़रूर है। यह सत्य हमें कड़वा

लग सकता है पर है तो यह सत्य ही।

मैं स्वयं भी अंग्रेज़ी विरोधी होने का कोई दावा नहीं करता। मैं जब तब इस बात का शुक्र मनाता हूँ कि मेरे माता-पिता ने मेरी शिक्षा-दीक्षा अंग्रेज़ी माध्यम से करवाई। एक लेखक के तौर पर भी, मैं अपनी सारी रचनाएँ, इस किताब को मिलाते हुए, दोनों भाषाओं, यानी हिन्दी और अंग्रेज़ी में लिखना चाहता हूँ। वर्तमान युग और समकालीन भारत में, इंग्लिश की आवश्यकता और महत्ता से इनकार करना बेवकूफ़ी होगी।

इसका तात्पर्य यह है कि हम अपनी माँ यानी हिन्दी से जितना भी प्रेम करें, उसका आदर करें, लेकिन महारानी के राजमहल में जाकर उसको, यानी अंग्रेज़ी को, प्रणाम तो करना ही पड़ेगा। ऐसा नहीं करने से न सिर्फ़ आप एक भाषा का ज्ञान अर्जित करने से चूक जायेंगे, बल्कि, बहुत से मामलों में आप सफलता की दौड़ में पिछड़ भी जायेंगे।

तो अब करें क्या?

तो हर वो शख्स, जो अंग्रेज़ी का अल्पज्ञानी होने के कारण खुद को कमतर पाता है, उसके लिए क्या उपाय है? आजकल हर छोटे-से-छोटे शहर में जल्द-से-जल्द अंग्रेज़ी सीखने के सेंटर्स होते हैं। यह कितने कारगर होते हैं, मैं नहीं जानता। और न ही मेरा उद्देश्य आपको उनकी तरफ़ भेजना है। जैसा मैंने पिछले एक अध्याय में कहा था, मेरे लिए सबसे बड़ा अध्ययन है 'स्वाध्याय'। मैं उस फ़ॉर्मूले की सलाह आपको इस समस्या के लिए भी दूँगा। मेरा यह व्यक्तिगत अनुभव है और यह बात वैज्ञानिक रूप से भी प्रमाणित है कि किसी भी भाषा में आपको अगर अपनी पकड़ मज़बूत करनी होती है तो उसके लिए 3 चीज़ें आपको करनी चाहिए—

  - उस भाषा में खूब पढ़ें।
  - उस भाषा में खूब पढ़ें।
  - उस भाषा में खूब पढ़ें।

अगर आपको किसी भाषा में स्वयं की वक्तृत्व कला को संवारना है तो उसके लिए भी तीन उपाय हैं—

  - उस भाषा में खूब वार्तालाप करें।
  - उस भाषा में खूब वार्तालाप करें।

– उस भाषा में खूब वार्तालाप करें।

लेकिन मेरा यह, हकीम लुकमाननुमा नुस्खा, यहीं समाप्त नहीं होगा। इसके बाद भी मेरे पास आपके लिए तीन मशवरे हैं—

– उपरोक्त दोनों अभ्यास दैनिक रूप से करें।

– उपरोक्त दोनों अभ्यास दैनिक रूप से करें।

– उपरोक्त दोनों अभ्यास दैनिक रूप से करें।

हमारे देश में अंग्रेज़ी नामक समस्या तीन श्रेणियों में पाई जाती है—

– ये बोलते तो फर्राटेदार इंग्लिश हैं, लेकिन व्याकरण किस बला का नाम है, ये वो जानते नहीं।

– इनका व्याकरण तो अच्छा होता है पर इंग्लिश बोलने में झिझकते हैं।

– इनके पास न तो व्याकरण होता है और न ही वक्तृत्व।

इनके लिए इलाज क्या है?

– पहली समस्या वालों के लिए मेरा उत्तर, मेरा बताया हुआ पहला उपाय है। यानी खूब पढ़ना।

– दूसरी समस्या वालों के लिए मेरा उत्तर, मेरा बताया हुआ दूसरा उपाय है। खूब वार्तालाप करें।

– तीसरी समस्या वालों को? अब इनको दोनों उपाय एक साथ ही करने पड़ेंगे।

– लेकिन उपरोक्त तीनों को अपने-अपने उपाय दैनिक रूप से करने होंगे।

मेरे सुझाव कुछ लोगों को बहुत ही ज़्यादा सरल लग सकते हैं। वो सोच सकते हैं कि इसमें बताने वाली बात ही क्या थी? कुछ को मेरे उपाय बहुत कठिन भी लग सकते हैं। आपकी सोच, चाहे जो हो, पर एक बात मैं भरपूर आत्मविश्वास से कह सकता हूँ कि ये मेरे स्वयं के अनुभवों का निचोड़ है। जिसे अंग्रेज़ी में 'ट्राइड एंड टैस्टेड' कहते हैं।

अंग्रेज़ी की समस्या न सिर्फ़ उन लोगों के साथ है जो हिन्दी या किसी और मीडियम से पढ़े हैं, बल्कि उनकी भी है जो इंग्लिश मीडियम से पढ़े हैं। हमने पहले ही किसी अध्याय में चर्चा की है कि कैसे हमारी शिक्षा व्यवस्था,

काबिलियत से ज़्यादा ज़ोर, हमारी उस प्रतिभा को देती है जिसे हम मज़ाक-मज़ाक में रट्टम, रट्टे, रट्टानी कहते हैं। यानी याद करने की शक्ति।

अगर पढ़ने की बारी आयेगी तो आसान लेखन जैसे, अखबार या पत्रिका से शुरुआत करें। भारी और मोटी किताब पर एकदम से न लपकें। कहीं क्लिष्ट अंग्रेज़ी से शुरुआत करके आप प्रारंभ में ही हतोत्साहित न हो जाओ। वार्तालाप की शुरुआत अपने निकट के किसी व्यक्ति से करें। जिसके साथ आप सहज हों।

लेकिन इस पूरे विषय में जो सबसे बड़ा मुद्दा है वो है आपकी मानसिकता का। आपका अंग्रेज़ी ज्ञान का स्तर चाहे जो भी हो, पर आप अपनी मानसिकता में ग्लानि का पुट न आने दें। विविधताओं से भरपूर इस देश की एक और विडंबना यह है कि हमको ग्लानि तब नहीं होती जब हमें अपनी मातृभाषा या क्षेत्रीय भाषा का अल्पज्ञान होता है। लेकिन एक फिरंगी भाषा के अल्पज्ञान की वजह से हम ग्लानि और शर्म से गड़ से जाते हैं। यहाँ तक कि हीनभावना का भी शिकार हो जाते हैं। कृपा करके इस बात को आप गाँठ बाँध लें कि आप कुंठित कभी नहीं होंगे। चूँकि एक ज़माने में ब्रिटिश राज का सूरज कभी डूबता नहीं था इसलिए अंग्रेज़ी आज विश्व की सबसे फैंली हुई भाषा है। चूँकि जहाँ-जहाँ ब्रिटिश राज की पताका फहरी, वहाँ-वहाँ उनकी भाषा भी फैली। लेकिन अपने ऐतिहासिक द्वेष के चलते फ्रांस और जर्मनी जैसे यूरोपीय देश के लोग अपनी भाषा को छोड़ कर अंग्रेज़ी भाषा में वार्तालाप करना पसंद नहीं करते। इसलिए स्मरण रहे कि हर श्वेत व्यक्ति अंग्रेज़ी का पक्षधर और प्रेमी नहीं होता। चूँकि 200 साल के औपनिवेशिक इतिहास की वजह से हम ज़्यादातर वो करते हैं जो गोरे करते हैं, इसलिए यह कहना यहाँ ज़रूरी है।

इस औपनिवेशिक इतिहास ने ही हमारे 'योग' को योगा कर दिया, राम को रामा और कृष्ण को कृष्णा कर दिया। शायद अँगरेज़ अपनी उच्चारण की सीमा के चलते हमारे संस्कृत/ खड़ी बोली के शब्दों का सही उच्चारण नहीं कर पाते थे। इसी वजह से बहुत से शहरों के नाम भी परिवर्तित हो गए। लेकिन हमने बुरा नहीं माना और उनकी ताल से ताल मिला कर योग को योगा बोलना शुरू कर दिया। तो गलती से आप इंग्लिश का गलत उच्चारण करें तो उसके लिए शर्मिंदा कतई न हों। आप एक फिरंगी भाषा के शब्द में अटक रहे

हैं। अपनी भाषा के नहीं। उसमें सुधार करें, पर शर्म नहीं। और एक बात तो आप कभी मत भूलिए कि 'इंग्लिश इज़ ए फ़न्नी लैंग्वेज।'

वाकई में!!! अभी पिछले दिनों, मैं अपनी 6 वर्षीय बेटी को अंग्रेज़ी पढ़ा रहा था। वो स्पेलिंग याद करके मुझे सुना रही थी। वह कप की स्पेलिंग 'के यू पी' बोली। तो मैंने उसे टोका कि वो 'सी यू पी' होता है। उसने कहा 'कप तो 'के' से शुरू होना चाहिए ना पापा।' मुझे तब यही पंक्ति याद आई—

'इंग्लिश इज़ ए फ़न्नी लैंग्वेज।'

तो ऐसी उलझन भरी भाषा में हम बीच-बीच में उलझ भी जायें तो 'की फ़रक पैंदा है।'

याद कीजिये अमिताभ बच्चन की एक और फ़िल्म 'चुपके-चुपके।' 1975 की इस फ़िल्म में भरपूर कॉमेडी थी जिसमें धर्मेन्द्र कहते हैं—

'टी ओ अगर टू होता है

डी ओ अगर डू होता है

तो जी ओ ... क्यों नहीं होता'

समझ गए न आप!!!

तो ऐसी फ़न्नी भाषा जो खुद ही उलझी हुई है, उसके साथ आप फ़न कीजिये, यानी उसके मज़े लीजिये। लेकिन अंग्रेज़ी भाषा सीखिए ज़रूर। भाषा ज्ञान बहुत बड़ा ज्ञान है। एक नई भाषा सीखने से आप उस भाषा में लिखा गया साहित्य पढ़ सकते हैं जो आपके ज्ञान और समझ में वृद्धि करेगा। आप समय के साथ अप 2 डेट रह पायेंगे वो अलग।

लेकिन जो लोग अंग्रेज़ी के मोह में पड़कर अपनी भाषा का तिरस्कार करते हैं। उनके लिए मैं कहना चाहता हूँ कि अंग्रेज़ी नामक वैश्विकता का लबादा ओढ़ने से पहले यह तो सुनिश्चित कर लें कि आपने अपनी भाषा के अन्तःवस्त्र पहने हैं कि नहीं। मुझे तब रोष मिश्रित दुख होता है जब मैं पत्रिकाओं में पढ़ता हूँ कि हिन्दी भाषी फ़िल्मों से करोड़ों की संख्या में पैसे और प्रशंसक कमाने वाले वर्तमान दौर के फ़िल्मी सितारे अपनी फ़िल्मों की स्क्रिप्ट रोमन में तैयार करवाते हैं, क्योंकि देवनागरी लिपि में वो सहज नहीं रहते। रोमन, यानी अंग्रेज़ी लिपि में लिखे हिन्दी के शब्द।

भारत वाकई विविधताओं और विडंबनाओं से भरा देश है। लेकिन खुद

की संतुष्टि, सम्मान और समृद्धि के लिए आप अंग्रेज़ी सीखने के प्रति जागरूक और सकारात्मक कदम उठायें। अगर कभी उस भाषा में आप फिसल भी गए तो शर्मिंदा न हों, बल्कि यह सोच कर खुश होइए कि—

'आफ़्टर आल इंग्लिश इज़ ए फ़न्नी लैंग्वेज।'

कंप्यूटर जी कृपया इस लाइन को लॉक किया जाये—

'अंग्रेज़ी के फ़न को 'फ़न' यानी आनंद के साथ सीखिए।'

□□□